神道説の発生と伊勢神道

白山芳太郎著

国書刊行会

目次

まえがき

中世神道に関する研究は、近年、国内外においてきわめて進展した。

特に標題に掲げた「神道説の発生と伊勢神道」の分野では多種多様な意見が出された。海外においても、伊勢神道や三輪流神道の研究がめざましい成果を上げ、原文と日本人の研究論文を充分に読み込み、拙著なども討論の対象としつつ、すぐれた研究を行っている。

国内の研究においても、従来の冷やかだった学界の反応が徐々によくなり、小規模学会誌の諸論文が日本史年次論文集や国文学年次論文集に転載されるというような形で少しずつ活気のあるものとなってきている。『史学雑誌』の回顧と展望などでも、文化史に充分な紙幅を与えられるようになり、中世神道に関する論文を取り上げられるケースも増加した。

筆者の論文の場合も、紀要や小規模学会誌に発表するケースが多いため、年次論文集に転載されることはありがたく、中世神道の研究が学界のオープンなテーマになりつつあるきざしと見て、うれしく思っている。

そのような動向にくい込んでいくためにも、ある程度ひとくくりの研究を一書にまとめて置きたいと考えた。それが本書である。

第一章　神道説の発生と展開

第一節　神道説の発生

一、はじめに

中世にはいり神道はどのような展開を遂げていったのであろうか。そうしてまた、鎌倉幕府下において、神祇行政が、どのように行われたのか。さらに、一般の人々に影響を与えた思想界の状況はいかなるものであったのか。中世にはさまざまな神道説が発生するが、それは、当時の思想界と、どのように関わったのであろうか。それらの諸問題について、以下、考察してみよう。

二、中世における神祇行政

鎌倉時代となり、政治勢力は公武二元の時代に入った。公とは、これまでと同じく朝廷を中心とする社会であり、武とは、新しく出現した鎌倉幕府を中心とする社会である。

しかし、当初の公武二元のまま終始するのではなく、武家社会は次第に公家社会を圧倒し、およそ承久三年（一二二一）の承久の変を転換期として、武家社会は公家社会を呑みこんでしまう。そういった公家の時代から武家の時代へ、いいかえれば貴族の時代から武士の世へと社会が変動するなかにあって、前代には貴族社会にとどまっていたところの、現世は末法の時代に入っているという思想が、庶民にも流布する方向へと進展した。

かかる末法の世にあっていかにすれば救済されるのかが深刻に考えられ、その救済の道を説く新興諸宗が唱導される。このような世の情勢に連動して、思想界は宗教化へと進む。神仏習合の思想は、内容的に豊富なものへと展開し、一般庶民にも普及する。そして神仏習合の完成期を迎える。しかもその神仏習合は、神道と仏教のみでなく、儒教の教訓や陰陽道の影響を受けた民間行事や風習、道教の虚無思想などを融合したものであった。

こういった内的状況のもとで、蒙古襲来という外的な圧力が加わり、この事件を契機として、わが国は神の国だとする国家観念の論、すなわち神国論が、神国思想と呼ばれる段階へと発展する。そのような諸情勢の中で、鎌倉幕府の神祇行政は進展していく。

鎌倉時代において、その政治的な中心にあった幕府は、治承四年（一一八〇）の平重衡の兵火によって焼失した東大寺大仏の復興への積極的協力、並びに源平の合戦期に押領された社寺領の回復支援、社寺領での守護の入部や守護役の賦課に対しての禁止措置など、神社・寺院に対し寛大な政策をとっている。ただし大きな勢力を持つものに対しては、内部の実務を管理したり、勢力を弱める方針をとっていたりもする。

概していえば、神社や寺院との対立を避け、それらの勢力との協調をはかることを基本としていたのである。また、由比郷鶴岡の海浜にあった鶴岡八幡宮（由比若宮）を町の中心に祀り、その隣接地に幕府を構え、鶴岡八幡宮を幕府の宗祀と仰ぐとともに、社前で、年頭の将軍社参行事など、多くの儀式を行った。また、伊豆山・箱根両神社への二所詣と称される慣例行事や、三島社を加えた三社への将軍社参を重ねるなど、社寺、特に神社を重視し、擁護する態度をとっている。

貞永元年（一二三二）、鎌倉幕府の執権・北条泰時は、その後の根本法となっていく『御成敗式目』（『貞永式目』ともいう）を定めて、行政法・民法・刑法・訴訟法などの基本を示した。その際、立法の基準とされたものは、「右大将家（源頼朝）の御時、定め置かるる所」であった。公文書の上で、頼朝が征夷大将軍であった建久三年（一一九二）、四年、五年は、将軍家政所下文とされたが、それ以前も以後も、前右大将家下文の書式をとっている。頼朝には、臨時の職として征夷大将軍になった、という意識があった。従って「右大将家の御時」とは、征夷大将軍の時期を除くというのではなく、頼朝時代の幕府政治の先例を基準にする、という意味であった。

そこで次に、このような頼朝の神祇行政についてみてみよう。『吾妻鏡』所載の寿永三年（一一八四）二月二十五日、頼朝が自らの所信を述べた『朝務条々』によると、「諸社事」と題して、「我が朝は神国なり。往古の神領、相違なし。その外、今度始めて、又、各新たに加へらるべきか。なかんづく去んぬる比、鹿島大明神御上洛の由、風聞出来るの後、賊徒の追討、神𠞊むなしからざる者か。兼ねて又、若し諸社の破壊、顚倒の事あらば、功程に随ひて召し付さるべきところ、功作の後、御裁許せらるべく候。恒例の神事、式目を守り、懈怠無く勤行せしむべきの由、殊に尋ねて御沙汰有るべく候」と記されている。

これを踏まえて制定された『御成敗式目』には、第一条に、「神社を修理し、祭祀を専らにすべき事」と題して、「右、神は人の敬ひによりて威を増し、人は神の徳によりて運を添ふ。然らば則ち、恒例の祭祀、陵夷を致さず、如在の礼奠、怠慢せしむるなかれ。茲に因り、関東御分の国々、并びに庄園に於いては、地頭・神主等、各、其の趣を存し、精誠を致すべきなり。兼ねてまた、有封の社に至りては、代々の符にまかせ、小破の時は且つ修理を加へ、若し大破に及ばば、子細を言上し、その左右に随ひて、その沙汰有るべし」と記されている。このように、幕府は神祇行政によく意をそそいだのである。

三、神道説の発生

このような為政者の政策基調のもとで、旧来の天台・真言の両宗は、神仏習合への積極的な足跡をみせる。そのなかで発生するのが、天台系の山王神道と真言系の両部神道である。

まず、天台系の山王神道の中心的な考えは、天台宗総本山の延暦寺の鎮守の神として日吉の神（大津市坂本の日吉大社の祭神）を祭り、日吉の神を山王権現と呼んで釈迦の垂迹と考え、したがって諸神の第一であるとするところのものである。特に「山王」の二字のなかに、天台宗の根本義が存するとするのであった。

山王神道書としてあげられるものには、『続群書類従』に収められた『耀天記』『日吉本記』『延暦寺護国縁起』『日吉山王利生記』『続日吉山王利生記』『厳神抄』、『大正新修大蔵経』に収められた

『渓嵐拾葉集』、『天台宗全書』に収められた『金剛秘密山王伝授大事』『天地神祇審鎮要記』『和光同塵利益灌頂』などがある。

これらのなかで、最もその成立が早いと思われるのが、『耀天記』である。『耀天記』については、久保田収氏『中世神道の研究』、岡田精司氏「耀天記の一考察―「山王縁起」正応写本の出現をめぐって―」（『国史学』一〇八号所収）、菅原信海氏「『耀天記』の成立」（『東洋の思想と宗教』）などの研究がある。これらによって、今伝わっている『耀天記』の形になるには、数度の加筆が行われていることが明らかにされている。その中で、「山王事」の条が、思想的に重要であるが、岡田氏の紹介された正応五年（一二九二）書写の『山王縁起』の出現によって、後世付け加えられたものと判明している。ただし、『耀天記』の書き出しに貞応二年（一二二三）の年号があるところより、本書の何らかの部分は、この頃に成立したと考えられる。本書にみられるような、日吉の神を無上の最高神とする思想を反映して、当時の天台宗の僧侶である慈円は、建暦二年（一二一二）の「日吉百首」（『拾玉集』巻二所収）に

まことには　神ぞ仏の　みちしるべ　跡をたるとは　なにゆゑかいふ

と詠んでいる。当時は、本地垂迹説によって、仏が本来の姿であり、神々はその跡を垂れた存在、すなわち二次的な存在と考えられていた。ところが慈円は、自らが深く信仰する日吉の神のことを考えるにつけ、神こそが仏の道しるべであって、仏は神の導きによって進む存在である、と断言するにいたるのである。それなのに跡を垂れるという意味で、神のことを垂迹となぜいうのであろうか、と疑問を述べている。いわば、本地垂迹説への再検討必要論というか、神主仏従的な考えの芽ばえがみら

れる。

このような思想的な展開を考えると、山王神道の成立は、鎌倉初期と考えてよいであろう。

なお、本地垂迹説に対し、僧侶の側から再検討している例として、時代は少し降るが、無住の『沙石集』があげられる。同書の巻第一の「(三) 出離ヲ神明ニ祈事」の条に、

今、垂跡ヲ思フニ、則、此法身、和光同塵、名テ神明トス、トコソ、心得ラレテ侍レ。

と記して、仏と神との関係を「和光同塵（仏が威光を和らげ仮の姿で現れること）」が「神明」であると説く。そして、

然ニ本地垂跡、其体同ジケレドモ、機ニ臨利益、暫ク勝劣アルベシ。

と記し、仏と神とは同体であるが、利益には勝劣があると説く。続いて、

我国ノ利益ハ、垂跡ノ面、ナヲ勝レテオワシマスニヤ。

と記して、わが国における利益は仏より神の方がすぐれていると説いている。そして、仏を藍という色にたとえ、神を青色にたとえて、次の如く述べるのである。

青キ事ハ、藍ヨリ出テ藍ヨリ青キが如ク、貴事ハ仏ヨリイデテ仏ヨリモ尊キハ、只、和光神明ノ慈悲利益ノ色ナルヲヤ。

つまり、神は本体である仏の分かれであるという説を認めながらも、藍色の分かれである青色が、本体である藍色よりもすばらしい色彩であるごとく、分かれとしての神が本体の仏より尊いと説くのである。そして、寺院建立に際し、必ず神を祭って着工した古えのひじりの例について、

古徳、寺ヲ建立シ給フ、必ズ、マヅ勧請神ヲ崇ルモ、和光ノ方便ヲ放レテ、仏法立ガタキニヤ。

と記し、神を祭ることなく、仏教一本で立つことが困難だったから、そのようにしたのであろうと判断している。

本地垂迹の形態は残しているが、本地（仏）が垂迹（神）よりすぐれていると説く本地垂逆説の機能は、あとかたもなく排除され、むしろ、わが国にあっては神の方が尊い、という議論へと進展している。天台座主・慈円が、前引のごとく「跡をたるとはなにゆゑかいふ」と疑問を持ったのと類似性のある議論である。宮地直一氏は、『神道史中巻』（宮地直一論集6）のなかで、これらの史料を踏まえて、

世に之を反本地垂迹説と称するは、正しき呼び方といへず。又、一部には僧侶に反対して神職側の案出したる反動的運動によるものといふも、これ又事実に相違す。要するに、山に於ける本覚思想の発展により、其の影響が神道に及びたるものとせざるべからず。

と記されている。また、柴田実氏は『中世庶民信仰の研究』のなかで、中世庶民の信仰を分析して、

たとえ顕密の学匠たちの眼からみれば神は仏菩薩よりも一段低く、なお迷蒙を脱しない衆生の一であり、仏法によって解脱することを欲しているというふうに考えられたとしても、それによって民衆の神に対する崇敬が仏菩薩への帰依にとってかわられたわけではなく、神前読経や法楽の供進によって神への崇敬はかえっていっそうたかめられることになった。

と推定されている。

『沙石集』は、無住の尾張・伊勢地方における説教の種本集であって、前引の話を、「三井寺ノ長吏・公顕僧正」の話として記している。『園城寺伝記』にも、これを安元三年（一一七五）の頃における

三井寺の僧・公顕の話として記している。鎌倉末期の臨済宗の僧としての無住の説というよりは、無住の抱く思いが、平安末期の天台宗三井寺の僧・公顕の説として伝えられていた内容と合致したため、自分の説教の種の一つとして採択したのであろう。この話の核は、平安末期に溯るかもしれないのである。

残された史料から、山王神道書の最古本を捜索して、『耀天記』原型の成立時、即ち貞応二年（一二二三）、つまり鎌倉初期を、山王神道の成立時期だと前述したが、そう言い切ってよいのであろうか。平安末期の第六十代天台座主・公顕の安元三年（一一七五）の頃の話、と『園成寺伝記』が記すことについて、その信憑性を否定することも、肯定することも、不可能なのである。

今のところ、山王神道の成立は鎌倉初期と思われるが、平安末期に溯る可能性もあるというふうに幅をもたせておきたい。

また、『沙石集』にみられるような、山王神道の神主仏従の教えを平易に説いた無住らの説教は、庶民信仰に影響を与えたと思われる。そうして、柴田氏が説かれた所の、中世庶民信仰における神主仏従的傾向の普及に役立ったと考える。

北畠親房は『神皇正統記』に、

応神天皇の御代ヨリ儒書ヲヒロメラレ、聖徳太子ノ御時ヨリ釈教ヲサカンニシ給シ。是、皆権化ノ神聖ニマシマセバ、天照大神ノ御心ヲウケテ、我国ノ道ヲヒロメフカクシ給ナルベシ。

と記し、儒仏は権化の神聖、つまり仮の神聖であって、神道の流布と深化のための伝来だったと説いている。そして、「此道」すなわち神道の流布には、「内外典流布ノ力」、つまり内典（仏教）と外典

（儒教）の流布の力に助けられたと説く。さらに、

魚ヲウルコトハ綱ノ一目ニヨルナレド、衆目ノ力ナケレバ、是ヲウルコトカタキガ如シ。

と記し、魚を網で捕える例をあげ、中心の網の目一つで捕えられるが、まわりの網の目の協力がなかったならば、捕えられないのと同様だと説くのである。神道を中心の網の目と考え、儒仏をまわりの網の目と考えていること明らかであって、儒仏を「権化」と説くのは、神を仏の「権化」と説く本地垂迹説の裏返しである。

これも神本仏従説の一種であるが、天台の慈円や（伝）公顕の考えとは趣きを異にしている。少なくとも、吉田兼倶の『唯一神道名法要集』成立の際に、反本地垂迹説が発生したと説くのは誤りだといえよう。

次に、両部神道について考えてみよう。真言宗においては、金剛・胎蔵の両部という発想から、日本の神々を説明しようとした。これを両部神道と呼ぶ。この神道説の基本的な考えは、大日如来を万法の中心的存在に据えるとともに、金剛・胎蔵二界論を展開したものであって、一種の二元論哲学で神仏関係を説明するものである。したがって、諸事象を二元論で説く。たとえば伊勢の内外二宮について、内宮は胎蔵界、外宮は金剛界だと説く。そして信仰も、神仏二信仰だと説くのである。

両部神道書で現存最古のものは、平安末期の『中臣祓訓解』である。本書は『日本思想大系』や『神道大系』などに収められている。

中心的なのは空海の撰と伝えられた『麗気記』であるが、鎌倉時代に入ってからの成立であろう。『続群書類従』や『弘法大師全集』に収められている。その他の鎌倉時代の両部神道書として、『続群

書類従』所収の『大和葛城宝山記』や『丹生大明神儀軌』があげられる。

現存最古の両部神道書『中臣祓訓解』の成立時期については、山本信哉氏が『大祓詞註釈大成・上』の中で明らかにされている。同氏は、七度祓、百度祓の記載が該書中に存することにより、院政期以後、鎌倉幕府創立期以前であろうとされた。鎌倉幕府創立期以前というのは、頼朝挙兵の治承四年（一一八〇）以前ということでもあって、『山槐記』の治承二年（一一七八）六月二十一日の条に千度祓の初見がみられるにもかかわらず、『中臣祓訓解』が千度祓についてふれていないことによるのである。七度祓、百度祓について述べながら、千度祓に言及していないことから考えて、千度祓がまだ現われていない頃に成立したとされたのである。

その後、久保田収氏の『中世神道の研究』で、この説が認められている。

また、山本氏が前掲書の中で指摘されたように、『中臣祓訓解』は、『大祓詞』のことを「中臣祓」と呼んでいる。これについて、久保田氏は、前掲書の中で、『西宮記』や『左経記』など平安中期のものには「中臣祝詞」とあり、これを「中臣祓」といい始めるのは、『経信卿記』の承暦五年（一〇八一）正月九日の条からであるとされている。これにより、山本氏の院政期以降であるということも認めてよいであろう。そこで、『中臣祓訓解』の成立する平安末期を、両部神道形成期と考えるのである。

ただし、『中臣祓訓解』に、神主仏従論はみられない。本文中に「両部の大教は、諸仏の秘蔵なり、諸仏の智恵は、諸神の本源なり。」とあるなど、むしろ、神仏両説一致論の立場である。のちに伊勢神道の影響を受けた両部神道書のなかに、神主仏従論的記載が見受けられるが、両部神道からの逸脱行為である。

北畠親房は、『神皇正統記』嵯峨天皇の条に、真言宗こそが、天皇の御願を祈る宗教であって、真言宗は「諸宗の第一」であると記している。そして自分自身も、『真言内証義』という両部神道書を著わしている。同書の中で、神代の縁起と真言の所説が合致するという論を述べて、唐では短期間しか留まらなかった真言宗が、日本で永く流布するのは、日本に「相応の宗」だったからだと記している。恐らく、神代の縁起と真言の所説の一致を説く両部神道書（例えば『麗気記』）の影響を受けて、そう考察したと思われる。

また、『真言内証義』に、「天地開闢の根元より始めて、天照内外の鎮座等に至るまで、一として此の宗に符合せずといふことなし」とある。これも、『麗気記』の天地麗気記や二所大神宮麗気記の影響かと思われる。

したがって、両部神道では、神仏両説の一致に重点を置いており、仏主神従、神主仏従のいずれの立場も採らなかったのである。その後親房等は、伊勢神道を学び、神主仏従説に傾いていくのである。

次に、伊勢神道発生について考えてみよう。

伊勢神道の中心的文献は、『宝基本記』『倭姫命世記』『伊勢二所皇太神御鎮座伝記』『天照坐伊勢二所皇太神宮御鎮座次第記』『豊受皇太神御鎮座本紀』、の五書とされている。これを、「神道五部書」と呼んでいる。

これらの成立時期については諸説があるが、最も早く成立したのは、『宝基本記』と思われるので、その時期を次に考えてみよう。

『宝基本記』の成立時期について、久保田収氏は『中世神道の研究』のなかで、建保二年（一二一四）以前、鎌倉初期と考察された。

その後、岡田荘司氏は「『伊勢宝基本記』の成立」（『神道史研究』二八―四）のなかで、文永三年（一二六六）とされた。西田長男氏は「神道五部書の述作年代」（『神道及び神道史』三五）のなかで、『慈鎮和尚夢想記』の裏書に神道五部書の『御鎮座本記』からの引用があることより、慈鎮すなわち慈円の頃に、五部書はすでに存在したと推測された。さらにまた、鎌田純一氏は「神道五部書の成立」（『皇學館史學』二）のなかで、平安末期の『中臣祓訓解』を尊ぶ人々により鎌倉初期に成立したとされた。平泉隆房氏は「伊勢神道成立の背景」（『皇學館論叢』二十―四）のなかで、『建久元年（一一九〇）内宮遷宮記』の書写奥書と『宝記本記』の書写奥書の類似を指摘して、久保田氏の、建保二年（一二一四）以前説をとられた。田中卓氏は『神道大系・伊勢神道（上）』解題のなかで、『中臣祓訓解』と『宝基本記』は本文が兄弟関係で、しかも『宝基本記』の方が古いとされた。そして、『御鎮座次第記』神宮文庫本の本奥書である「文治元年（一一八五）四月度会高倫書写」を認めてよいとされ、神宮三部書は「平安時代末期にまで遡る」とされた。『宝基本記』は田中氏が認めてよいとされる『文治元年記』にその名が登場し、前述のごとく『中臣祓訓解』（平安末期と思われる）より古いとされているところから察するならば、平安末期乃至中期の成立、という見解であろう。

建保二年（一二一四）に『宝基本記』が書写されたということに関して、岡田氏だけが否定されるが、私も、この書写奥書を信頼してよいと考える。したがって『宝基本記』は、鎌倉初期にすでに存在したと推測する。

の発生は、遅くとも鎌倉初期と考察する。『宝基本記』のなかに、他の四書にみられる神道説の主要なものが記述されているので、伊勢神道

四、おわりに

鎌倉期の伊勢の祠官たちは、これら五部書を中心に、神宮由来の説明、正直・清浄などの神道説の提唱、神主仏従的見解の表明を試み、伊勢神道を確立大成に導いていくのである。

吉田神道は、吉田神社神主の吉田兼倶が、自家に伝わる神道説を集大成し、また自説を加味して、室町時代に発生したものである。

兼倶は、その著『唯一神道名法要集』のなかで、枝葉や花実が根に帰っていくように、枝葉にあたる儒教、花実にあたる仏教が、根にあたる日本に帰ってきたと説く「根葉花実説」（兼倶は、自家の祖先にあたる慈遍の『旧事本紀玄義』〈巻五〉所収の同種の説を発展させた）を主張している。神主仏従的な説である。

神道史における中世とは、以上のようなさまざまな神道説が発生した時代であった。

第二節　伊勢神道の性格

一、はじめに

伊勢神道の性格をどのように考えるか、ということについて、二つの説が出されている。

久保田収氏は『中世神道の研究』の中で『宝基本記』『神祇譜伝図記』『倭姫命世記』神宮三部書の順に、主な伊勢神道書の今見る形が成立し、その最初の『宝基本記』は、その原型が建保二年（一二一四）九月以前に内宮祠官の手で成っており、したがって伊勢神道は、外宮祠官が外宮祭神を尊貴たらしめることを目的として唱道したのではない、とされた。これをA説とする。

安津素彦氏は『神道辞典』のなかで、伊勢神道としてではなく「外宮神道」という項目を立て、それを自ら執筆し「豊受大神宮の祠官度会氏を中心に外宮信仰を唱道した神道」で、第一に、外宮祭神を尊貴たらしめることを目的として外宮祭神を天照大神の出生以前の神に当てようとしていること、第二に、二宮一光説を唱えて内外二宮相まって神威は発揚されると主張していること、の二点の本質を持つ神道であるとされた。これをB説とする。

このような二説があるというのが現状であって、まだ決着がついていない。そこで、この問題について考察してみたい。

二、伊勢神道の性格

B説は、吉見幸和の『五部書説弁』にはじまる説であって、戦前ではいわば通説であった。戦前に出された神道の辞典として『神道大辞典』がある。同書「伊勢神道」の項に「外宮の御祭神豊受大神は別名を御饌津神といふ所から、ミケツのミは水で、五行の水徳を意味し、水こそは万物の初めであり、これを神に充てれば、根源神たる国常立尊、或は天御中主神に当るとするのである。又内宮は天照大神で地神の祖、外宮は天御中主神で天神の祖とし、これを天地、日月にたとへ、二宮相離れて存在するものに非ずとして、ここに二宮の光が成立するのである」とある。

久保田収氏の『宝基本記』に関する前記A説は、これを否定しようとしたものであり、その骨子は、第一に同書奥書の検討、第二に内容の検討から成っている。

内容検討の面で、どのような考察がなされているかみてみると『宝基本記』の本文に「衆物、普く日神の光胤を受く」と説くなどということは、外宮祠官として考えられないことではないかと考察する。

奥書検討の面では、建保二年（一二一四）荒木田氏良書写以降の奥書は信頼できるとし、それにより、本書の成立時期について「建保二年九月以前の、しかし余りさかのぼらない時期に、内宮祠官荒木田氏の間につくられたものではないか」と推定する。

この伊勢神道の定義に関する両説について再検討してみよう。

『宝基本記』の成立事情をみてみるに『宝基本記』神宮文庫蔵一門六六四五号本によると（1）天慶五年（九四二）荒木田行真がこれを写し、それを（2）建保二年（一二一四）荒木田氏良が写し、さらに（3）文永三年（一二六六）内宮一禰宜延季神主本をもって神主憲継が写し、ついで（4）憲継本を外玉串大内人度会常主が相伝し、それを（5）建治三年（一二七七）度会行忠が写した、とある。

この奥書を取り上げられたのが西田長男氏であって、同氏著『神道史の研究』所収の「度会神道成立の一齣」の中で、この一連の奥書を吟味し（2）以下は信じられるとされた。

同氏によると（2）の奥書は（5）の行忠書写の時期からさかのぼること、六十三年にすぎず、行忠が偽作したと考えるには年代が近きにすぎ、疑うに足りない、とされた。

そして『宝基本記』は「建保二年をさかのぼる遠からざるころ、外宮祠官の手によって制作された」と結論された。それは昭和三十年（一九五五）のことであった。

次に、昭和三十三年（一九五八）久保田収氏は「伊勢神道の形成」を『神道史研究』誌上に発表され、上記『中世神道の研究』における『宝基本記』の成立に関する説、つまり「建保二年以前のしかし余りさかのぼらない時期に、内宮祠官の手によって制作された」という説を発表された（後に『中世神道の研究』に収められた）。

翌三十四年、近藤喜博氏は「伊勢神宮御正躰並厨子」（『神道史研究』七―一）を発表された。これにより「早く外宮側に受授した御鎮座の次第記・伝記・本紀は、外宮側の改作加筆が何時の頃か充分に行われたが、後れて荒木田側より入手した『宝基本記』については、証本をもつ荒木田側を誤魔化す事が出来ずして、改作加筆の不徹底を来たしたのではないか。『倭姫命世記』は内外宮の拮抗に利用するには、その記事はあまりにも歴史的であったが故に、比較的に変形を見ずに伝来したのではないか」とされた。

その後、近藤氏は「中世伊勢参宮と緇流の参宮」（『國學院大學日本文化研究所紀要』四）の中に「私も『宝基本記』については、久保田氏の所見とほぼ同一のものをつとに抱いており」と記され、また前記（3）奥書の「憲継」について『度会系図』に、

内宮宮掌大内人頼重―同頼継―同憲継

とあることを紹介された。

この憲継を近藤氏が「外宮大内人」とされていたのを、その後、岡田荘司氏は「『伊勢宝基本記』の成立」（『神道史研究』二八―四）の中で、元徳元年の（一三二九）の『度会系図』に記して、

内宮大内人安頼―同宮々掌大内人六位頼重―同四位頼継―同正五上頼憲―同四位憲継

とあり、憲継というのは「度会姓でありながら内宮大内人であった人物」であると訂正された。

近藤氏の「外宮大内人」説は、同氏引用の『度会系図』によっても、やはり「内宮大内人」になるのであって、それをなぜ「外宮大内人」と記されたのか、不明である。

考えられるのは、度会氏といえば、外宮に仕えていたはずだという先入観から『度会系図』の「内

宮大内人」を「外宮大内人」の誤写と判断したことによるのではないかという以外に思いつかないが、外宮に仕える度会氏が、自らの祖先の系図に「外宮大内人」と書くべきところを誤って「内宮大内人」と書いてしまうなどというようなことが有り得るのであろうか。

異例なことだが、度会氏であっても「内宮大内人」として内宮に仕える度会氏がいたとしてもおかしくないのではあるまいか。

それを立証できる史料として、岡田氏が提示されたのが『仁治三年内宮仮殿遷宮記』と『文永三年御遷宮沙汰文』である。これによって、度会憲継は、内宮の遷宮や仮殿遷宮に仕えていたことが確認される。

そして岡田氏は、同論文に記して「『宝基本記』の作者も旧説のとおり、度会氏であり、その中でも内外両宮に通じた度会憲継が最も近い存在である」と、新説を出された。

そして「文永三年の式年遷宮という神宮あげての大儀にあたり、国家と神宮の悠久ならんことを説き、両部神道説を背景に両宮を並立同格化しようとしたもの」が、度会氏の神道説成立の初期にあったとされた。

また内容的に『宝基本記』に「度会氏独自の伝承が組み込まれている」という例として（1）度会氏の乙若子命伝承が景行天皇十五年の内宮仮殿遷宮の条にあること、（2）継体天皇十二年の条に度会氏二門の祖飛鳥、四門の祖小事の伝承があること、（3）欽明天皇五年の条に、度会氏の小事の娘を斎内親王として登場させていること、を指摘された。

しかし、岡田説によったとしても『宝基本記』に内宮祭神を「無上無二の元神」と称えていること、内宮祭神を唯一絶対視して「衆物、普く日神之光胤を受く」としていることにより、そのようなことを度会氏の立場でいえるだろうかという疑問は解消していない。

つまり『宝基本記』の根幹に内宮伝承が潜んでいるということについて、否定できているわけではないのである。

岡田氏指摘の（1）景行天皇十五年の条にしても「爾時、伊己呂比命、乙若子命、大物忌大阿礼命、正体を頂き奉る」とあるが、伊己呂比命と大阿礼命は荒木田氏の祖先で、かつ両者は親子であり、伊己呂比命、大阿礼命の親子が正体を頂いて奉仕したという伝承がもとであって、後に度会氏の祖先である乙若子命も奉仕していたのだと主張する立場から加筆したとみるべきであろう。

三人の最初、もしくは最後に乙若子が登場するのならともかく、荒木田系の親と子の二人の間に度会系の乙若子が割り込む格好ではめこまれているのは不自然であって、加筆である可能性が高いと思われる。

したがって、伝承の骨格は内宮奉仕の荒木田伝承とみられるのであって、いくら内宮奉仕の度会氏というのがあったとしても、度会氏の口から「衆物、普く日神の光胤を受く」とはいいにくいと思われる。

やはり、伝承の骨格は、内宮奉仕の荒木田伝承と考えてよいであろう。

ところが『倭姫命世記』そのものが荒木田氏になく、『宝基本記』も荒木田伝承を書き置いた原『宝基本記』が荒木田氏に伝わっていず、度会氏が荒木田氏から借りて写した『宝基本記』が伝わっていただけなのである。

永仁四、五年（一二九六、七）の皇字訴訟の際『皇字沙汰文』によると、永仁四年十一月、内宮側より「彼の倭姫皇女世記、伊勢宝基本記等、誰が人の撰集ぞや。神主飛鳥等は外宮禰宜の先祖也。其の宮の祠官として私に記し置くの文、沙汰の限りに非らず」と反論しているのがその証左であり『倭姫命世記』『宝基本記』のような外宮禰宜の先祖が私的に書き置いたものなど証拠にならないではないかというのが、荒木田氏の主張だったのである。

ただし『倭姫命世記』より確かな記録ということで『大同二年二月大宮司并二宮禰宜等官に進むる供奉神事上代本記』を証拠資料として提示している。

これには「豊受太神」とあって、外宮祭神に皇字がない証左だというのが『大同二年二月大宮司并二宮禰宜等官に進むる供奉神事上代本記』(『大同二年上代本記』)であって、逸文しか伝わらず完全な復原ができないが、荒木田伝承が度会氏に流れる以前の『倭姫命世記』だったからこそ、これを提示したのであろう。

この時、内宮側は『宝基本記』を所持していなかったと思われる。

所持していたとすると『宝基本記』に「孝徳天皇即位三年八月、豊受太神宮仮殿遷宮事、同年九月、皇太神宮仮殿遷宮事」とあって、内宮に皇字があって外宮になく、欽明天皇五年の条に「豊受宮」天武天皇元年の条に「豊受太神宮」持統天皇六年の条に「豊受太神宮」和銅四年の条に「豊受宮」天平十九年の条に「豊受宮」天平勝宝元年の条に「豊受宮」とある点を指摘することができたはずだからである。

内宮側から『宝基本記』が散逸してしまって伝わっていなかったため、それはできなかった。

なかったからこそ、行忠奥書の次に、

時に永仁四年十二月十九日、惣官の御本を以てこれを書写す。荒木田神主経顕判

とあって、惣官、即ち外宮一禰宜・度会行忠所持本を、内宮側の荒木田経顕が写したのである。永仁四年十一月の「彼の倭姫皇女世記、伊勢宝基本記等、誰が人の撰集ぞや」という訴えを起こした翌月のことである。

ところで、私は、岡田荘司氏の文永三年『宝基本記』成立説に立たず、西田長男氏、および久保田収氏による建保二年荒木田氏良奥書を信じる立場に立って、これまで記してきた。いくら内宮に奉仕する度会氏であるとしても、度会氏である以上内宮祭神のみを称えて「衆物、普く日神の光胤を受く」とする記載や内宮祭神のみを「無上無二の元神なり」とする記載をそのままはできず内外宮両宮祭神が無上無二と書き換えたであろうと考えるためである。

建保二年は文永三年度会憲継奥書から五十二年前であり、建治三年行忠奥書の際に建保二年奥書を偽作したとして六十三年前である。建保二年奥書を偽作して荒木田氏良という当時、近い距離にある人物に仮託するというような工作を想定することについて、他の伊勢神道書の飛鳥時代や奈良時代の人物に仮託したことをもとに類推してみると、あまりに新しすぎるのであって、そういったことはなかったのではないかと思われる。

憲継から行忠へと伝わった部分の奥書をみてみると、建保二年荒木田氏良の奥書、すなわち（2）の次に記して、

（3）文永三年丙寅三月二日、内宮一禰宜延季神主本を以て神主憲継これを書写す

（4）件の憲継自筆書写本、外玉串大内人度会神主常主これを相伝す
とある。（5）建治三年丁丑九月二日、禰宜度会神主行忠これを書写する。（4）奥書は度会常主が書いたとみるより（5）奥書を書いた行忠が度会常主所持本より写したことを述べたものとみられ
（3）奥書も、荒木田氏良の花神のある写本を写したにしては、体裁が簡単すぎる。
（4）奥書に「件の憲継自筆書写本」と憲継を「度会」姓もつけず「神主」もつけず気軽に呼べる
とすれば一の禰宜・度会行忠が書いたものではなかろうか。
『宝基本記』が荒木田氏から度会氏へと移ってきたことについて、内宮奉仕の度会氏が文永三年の
内宮遷宮の際に入手したということを記録したものであろう。
度会氏でしかも宮掌でしかない憲継が、おそらく内宮遷宮奉仕を理由に、内宮一禰宜所持の貴重な
該書を借りることはできたとしても、書写まで許されることはなかった。
それを写したのであるから、この写本に、憲継は奥書を記さなかった。
それを知っていた行忠が記したとみるのが妥当であろう。
そして『宝基本記』や『倭姫命世記』の原型を入手した度会氏によって『宝基本記』や『倭姫命世
記』の今見られる形がつくられたのであろう。
『倭姫命世記』は倭姫命伝承そのものが内宮伝承であり、何らかの時点で、その伝承が外宮側に入
り、それをもとに『倭姫命世記』の今見られる形へと改作されたと推測する。
『宝基本記』と『倭姫命世記』が五部書の中心であり、外宮側で加上された部分が中心であったの

なら皇字訴訟が結審した後、伊勢神道は衰退したはずであり、伊勢神道はその後も継続し得たのは、伊勢の神明奉仕の伝統より得られた体験的思想だったからである。

伊勢神道の中心思想はどのようなものであろうか。

『宝基本記』に「心は乃ち神明之主たり。心の神を傷《やぶ》ることなかれ。神は垂るるに祈祷を以て先と為し、冥は加ふるに正直を以て本と為す」とあり、「神を祭る礼、清浄を以て先と為し、真信を以て宗と為す」とある。「清浄」「正直」が強調されるとともに「正直」について「惣て神代には人の心聖にして常也。直にして正也」とあって、もともと人の心は正直であったと説く。

また清浄について「潔斎の日、清浄の祭服、是れ其の縁也。天真を以て明衣と為す故也」と説き「大麻は不浄の妄執を解除す。清浄の本源に住するが為也」と記している。

また同書に「目、妄りに視ず。耳、妄りに聴かず。口、妄りに言はず。手、妄りに持たず。足、妄りに行かず。精、妄りに施さず」と説くとともに「敬神尊仏は清浄を先と為す。今聞くに、諸国神祇の社内、多く穢臭及び雑畜を放つ有り。神を敬ふの礼、豈、此くの如きや」と不浄の例を挙げている。

『倭姫命世記』を見てみると「清浄は、仮りそめにも穢ることなくして、説くところ得べからず。皆、因に従ひて業を業を生ぜり」と説くとともに「神は垂るるに祈祷を以て先と為し、冥は加ふるに正直を以て本と為す」と説いている。

『御鎮座伝記』を見てみると「人は天下の神物也。心の神を傷ることなかれ。神は垂るるに祈祷を以て先と為し、冥は加ふるに正直を以て本と為す。其の本心に任せて、皆、大道を得せしめ、故に、神人は混沌の始めを守り、仏法の息を屏《かく》して神祇を崇び（中略）鎮《とこしな》へに、謹慎の誠を専らにし、宜しく如在の礼を致すべし」とある。仏教渡来以前のように神を崇び、謹慎の誠で奉仕すべきと説いている。

『御鎮座本記』を見てみると「神を祭るに清浄を先と為し、我れ鎮へに得一を以て念と為す也。神主部・物忌等、諸祭の斎日に諸の穢悪の事に触れず、仏法の言を行はず、宍《しし》を食はず、亦た神嘗会の日に至る迄に新飯を食らはず、常に心を謐《しず》め、慎みを掌《たなごころ》に摂《おさ》め、敬ひ拝み斎き仕へよ」と説いている。

三、おわりに

鎌倉末期の伊勢神道書『天口事書』は「正直を以て清浄と為す」と説いている。同じころの度会家行の『神道簡要』にも「神を祭るに清浄を先と為す」と説いている。遅れて出た伊勢神道家も「清浄」と「正直」を説くのであって、伊勢神道の中心思想は「清浄」と「正直」といってよいであろう。

第三節　神祇信仰としての伊勢神道

一、はじめに

昭和五十年代後半から昭和六十年代の初め、私は「二十一社記と伊勢神道」（『神道学』一二〇、昭和五十九年）、「北畠親房と伊勢神道」（『皇學館論叢』一七—六、昭和五十九年）、「中世神道史における伊勢神道と北畠親房の位置」（『季刊日本思想史』二五、昭和六十年、いずれも『北畠親房の研究』所収）のなかで、伊勢神道の性格について考察した。それらの要点を、『皇學館大学文学部紀要』四三（平成十七年）に「伊勢神道の性格について」としてまとめた（本章第一章第二節に再録）。その際、同論文において、鎌田純一氏「神道五部書の成立」（『皇學館史学』二）、同氏『日本思想史辞典』「伊勢神道」の項、同氏『中世伊勢神道の研究』、田中卓氏『神道大系・伊勢神道（上）』など、近年のすぐれた業績にふれねばならなかったが、ふれていなかったことを反省し、これらのご研究と拙稿とがどのような関係にあるのかということを中心に、前稿の補足をおこなってみたいというのが、本稿である。

二、伊勢神道についての諸説

従来、伊勢神道について、たとえば『国史大辞典』「伊勢神道」の項に「外宮を権威づけるための教説」（大隅和雄氏執筆）とあるのをはじめ、多くの辞典類で伊勢内外二宮の政治的拮抗を背景に外宮側が自らの仕える祭神を権威づけるために立てた教説とされてきた。そのようななか『日本思想史辞典』「伊勢神道」の項（鎌田純一氏執筆）は「豊受大神宮（外宮）禰宜家たる度会氏によって提唱されたとみて『度会神道』また『外宮神道』とも呼ばれたが、皇大神宮（内宮）禰宜家たる荒木田氏も同時に唱えたところであり、広く伊勢神道と呼ぶのが適当」と記している。

私も、前掲三論文において、伊勢神道の性格を考察し、親房に影響を与えた伊勢神道研究の立場から、伊勢神道は「自らが仕える外宮祭神を尊貴たらしめることを目的として提唱されたものという説は誤りである」と分析した。

鎌田純一氏は、前掲辞典執筆の根拠として「神道五部書の成立」（『皇學館史学』二）ならびに『中世伊勢神道の研究』などにおいて、従来の辞典が依拠してきた吉見幸和の『五部書説弁』以来の通説を批判し「中世伊勢神道、その神道神学は祭祀の厳修の基礎のためのものであり、他宗攻撃などとの念より出たものではない。そのような捉え方こそ攻撃されるべきものであろう」とされた。

田中卓氏は『神道大系・伊勢神道（上）』のなかで神道五部書の一つ『御鎮座次第記』の成立時期について考察し、鎌田氏の「神道五部書の成立」の説を取り上げ「この高倫の奥書（文治元年《一一八五》度会高倫の奥書をさす）を『そのままに真となし得ないとしても、全くの偽として捨て去ることもできない』として、従来の説と異なって可成りの評価を与えられたのは鎌田純一氏である」と記し、文治元年奥書になにがしかの真実が潜んでいるとする鎌田氏の説を認める立場をとられ、文治元年（一一八五）段階で『御鎮座次第記』があったとみて「御鎮座次第記は恐らく平安時代末期には成立していた」とされた。

そこで田中氏前掲書に採択された鎌田氏による文治元年奥書の考察を同氏前掲書によりみてみると、同奥書における「文治元年四月二十一日」の年月日に関する考察では、久保田収氏『中世神道の研究』（昭和三十四年）が文治改元年月日に基づき、同奥書を偽作とされたのを、必ずしもそうとはいえないとされている。また神宮文庫所蔵『御鎮座次第記』（1）端裏書に「神記第二」とあり、同じく神宮文庫所蔵『御鎮座伝記』（2）端裏書に「神記第一」とあるのに基づき、久保田氏前掲書は『御鎮座伝記』が先に成立し『御鎮座次第記』が続いて成立したと記しているが、それを斥け、内容的に見て『御鎮座次第記』『御鎮座伝記』の順であるとされている。

また鎌田氏は、前掲書のなかで『御鎮座次第記』『御鎮座伝記』『御鎮座本紀』は「神宮の鎮座の次第を、当時なりに古伝承をもとにいわば歴史的に叙述したという点で共通性」のある「歴史的叙述の書」とされた上で、『宝基本記』に対しては「『造伊勢二所太神宮宝基本記』との名の示す通り、神宮の造営、また殿舎について当時なりの神学的説明を加えて論ずる点に主眼」のある「思想的叙述の書」とされている。また『倭姫命世記』に対しては「天照坐皇大御神を奉斎すべきよき宮処を求めて倭姫命が二十数ヶ所にわたり遷幸されたことを記すところに主眼」があって『宝基本記』と同じく「思想的叙述の書」とされている。

三、神祇信仰としての伊勢神道

こういった研究が登場した現段階において、私の以前に記した論を再検討してみると、伊勢神道は「外宮祠官の政治的意図から唱えられた教説ではなく、伊勢両宮祠官の神宮信仰から出た敬神思想」とする『北畠親房の研究』の説は変更しなくてよいと考える。

久保田氏前掲書によると、主な伊勢神道書が『宝基本記』『神祇譜伝図記』『倭姫命世記』神宮三部書の順に成立し、最初の『宝基本記』は建保二年（一二一四）九月以前に内宮祠官の手によって成ったとされ、伊勢神道は外宮祠官が外宮祭神を尊貴たらしめることを目的として唱道したものではない、と記されている。

『宝基本記』神宮文庫一門六六四五号本によると①天慶五年（九四二）荒木田行真が写し、それを②建保二年（一二一四）荒木田氏良が写し、③文永三年（一二六六）度会憲継が写し、ついで④憲継本を外玉串大内人度会常主が相伝し、それを⑤建治三年（一二七七）度会行忠が写したとある。昭和十八年、西田長男氏は、その著『神道史の研究』のなかで、この一連の奥書を検討され②以下は信じられるとされた。同氏によると②奥書は行忠書写の時期からさかのぼること六十三年にすぎず、行忠が偽作したにしては近きに過ぎ疑うに足りない、とされた。

昭和三十三年、久保田収氏は「伊勢神道の形成」を『神道史研究』に掲げ、上記『中世神道の研究』

における『宝基本記』は建保二年（一二一四）以前、内宮祠官の手で成ったという説を発表された。翌三十四年、近藤喜博氏は同じく『神道史研究』に「伊勢神宮御正躰並厨子」を掲げ「早く外宮側に受授した御鎮座の次第記・伝記・本紀は外宮側の改作加筆が何時の頃か充分に行われたが、後れて荒木田側より入手した『宝基本記』については、証本をもつ荒木田側を誤魔化す事が出来ずして、改作加筆の不徹底を来たしたのではないか」とされている。

『宝基本記』景行天皇十五年の条に、度会氏の祖「乙若子命」が登場し、これこそ『御鎮座次第記』『御鎮座伝記』『御鎮座本紀』とともに同書が度会氏（外宮側）によって書かれた証拠であると見る向きがある（たとえば岡田荘司氏「『伊勢宝基本記』の成立」『神道史研究』二八―四）が、その前後の同書本文は「時に、伊己呂比命、乙若子命、大物忌大阿礼命、正体を頂き奉る」というものであって、最初の「伊己呂比命」および三番目の「大阿礼命」はともに荒木田氏（内宮側）の祖であって、二番手として度会氏（外宮側）の祖「乙若子命」が登場するのである。同書が度会氏（外宮側）の作であったならば、度会氏の祖「乙若子命」が、他の二人を従えて「正体を頂き奉」ったと改作したはずであり「伊己呂比命」および「大阿礼命」は「度会氏」の祖ではなく「荒木田氏」の祖であって、親子なのである。「伊己呂比命」と「大阿礼命」親子が「正体を頂き奉」って仕えたという伝承が根にあって、度会氏の祖「乙若子命」も、この時お供していたのだとみる立場からの加筆とみられる。

『倭姫命世記』では、倭姫命の伊勢国への巡幸過程で、荒木田氏の祖は早く大和国の宇多郡よりお供したとあって、度会氏の祖は遅れて伊勢国桑名郡に入ってからお供したと記されている。荒木田氏の祖に遅れるとはいうものの、度会氏の祖が仕えはじめた時期は第十一代、垂仁天皇の御世であるとされており、第十二代、景行天皇の御世の出来事として当該記事が記されているのであるから、荒木田氏（内宮側）の祖だけでなく度会氏（外宮側）の祖も、このとき仕えていたはずという意見も充分にあり得る。そういう立場からの加筆なのではなかろうか。荒木田系の親子の間に、度会系の「乙若子命」がみられるというのも不自然であって、加筆の可能性が高い。『倭姫命世記』に、荒木田氏（内宮側）の祖が倭姫命巡幸に加わるのは大和国「宇多秋宮」からであるとあり、度会氏（外宮側）の祖が倭姫巡幸に加わるのは遅れて伊勢国「桑名野代宮」に入ってからとされている。つまり、度会氏の祖「大若子命」が弟の「乙若子命」を奉ったと記してあるのがそれである。そうだとすると、度会伝承が根になっているとは思えず、荒木田伝承が根になっているのであって、まず荒木田系倭姫命伝承があり、後に度会系倭姫命伝承を加味して『倭姫命世記』の今みられるかたちとなった、と思われる。

ところが、もともとの荒木田伝承が書かれた『宝基本記』原型や『倭姫命世記』原型が荒木田氏で紛失したようであった。永仁四年（一二九六）から永仁五年（一二九七）にかけての皇字訴訟で『宝基本記』など外宮側物証に対する内宮側反論を『皇字沙汰文』により見てみると、「度会氏の祖が、自らが仕える祭神に対し尊称を用いたとしても証拠にならないであろう」と述べている。後になり、度会氏が荒木田氏から借りて写したのが『宝基本記』だということを知り、逆に荒木田氏は度会氏から写させてもらっている。訴訟段階では、内宮側が『宝基本記』を所持していなかったのである。所持していたとすれば、内宮祭神を「無上無二の元神」とする個所で反論できたはずである。度会氏に伝わった現『宝基本記』によっても、反論材料は各所にみられる。

たとえば「孝徳天皇即位三年（五九九）八月、豊受太神宮仮殿遷宮事、同年九月、皇太神宮仮殿遷宮事」とあって内宮に皇字があって外宮になく、欽明天皇五年（五三五）の条に「豊受宮」天武天皇元年（六七二）の条に「豊受太神宮」持統天皇六年の条に「豊受太神宮」和銅四年（七一一）の条に「豊受宮」天平十九年（七四七）の条に「豊受宮」天平勝宝元年（七四九）の条に「豊受宮」とあって内宮に皇字があって外宮に皇字がないのであるから、その個所で反論できたはずである。内宮側に『宝基本記』がなかったからこそ、それができなかった。そこで『宝基本記』行忠奥書の次に「時に永仁四年（一二九六）十二月十九日、惣官の御本を以てこれを書写す。荒木田神主経顕判」とあって、惣官、つまり外宮一禰宜度会行忠本を、内宮祠官荒木田経顕が写したのである。永仁四年十一月に「『彼の倭姫皇女世記、伊勢宝基本記等、誰が人の撰集ぞや」（『皇字沙汰文』）と批判してまもない同年十二月のことであった。

同書が度会氏の作でない証拠の一つに、もしも外宮祠官度会氏の作であったなら、内宮祭神を称えて「衆物、普く日神の光胤を受く」とする個所は不要であり、内宮祭神が「無上無二の元神なり」とある個所は、他の伊勢神道書と同様、二宮祭神が「無上無二の元神なり」と改作されていてもよさそうだということがあげられる。

『宝基本記』の書写奥書中信じられる上限（西田氏前掲書および久保田氏前掲書）とされている建保二年（一二一四）奥書は、文永三年（一二六六）憲継書写を去ることわずかに五十二年であって、建保二年の奥書が架空のものだとすると、その筆者である内宮一禰宜・荒木田氏良といえばまだ記憶に新しいこの時期に、氏良に仮託するということは、他の伊勢神道書が飛鳥時代の人物に仮託したり、奈良時代の人物に仮託したりしているのに比して、余りに新しすぎるのであって、通説どおり、信じてよい奥書と思われる。

荒木田氏から借りて度会氏が写したというのも信じられるのであって、氏良から行忠へと伝わった過程を点検してみると、氏良奥書の次に①「文永三年（一二六六）丙寅三月二日、内宮一禰宜延季神主本を以て神主憲継これを書写す」とあり、つづいて②「件の憲継自筆書写本、外玉串大内人度会神主常主これを相伝す」とあって、③「建治三年（一二七七）丁丑九月二日、禰宜度会神主行忠これを書写す」とある。「憲継」とは『度会氏系図』により度会憲継であることが指摘されている（近藤氏前掲論文および岡田氏前掲論文）。しかも「内宮に仕える度会氏」（岡田氏前掲論文）である。度会氏であり、かつ身分の低い宮掌（『度会氏系図』）でしかない憲継が、遷宮奉仕を理由に、該本を借りて読ませてもらえることはあったとしても、公然と書写まで許されなかったことであろう。それをひそかに写したのであるから、この本に憲継は、自らの書写識語を書きこまなかったはずである。この記載は、その次の常主所持の伝え（②）とともに行忠書写（③）時の識語であり、信じてよいと思われる。

こういった奥書を信頼せず「この訴訟を契機として伊勢神道が発生した」（竹内理三氏『鎌倉遺文』解題）とみるのはきわめて強引であって、皇字訴訟はそもそも伊勢国員弁郡石河御厨に関する両宮禰宜連署の永仁四年書状における外宮側皇字使用が原因で始まったものであり、伊勢神道書はそれ以前から書かれていたのである。かかる訴訟以前成立の伊勢神道書は、外宮側が訴訟を有利にするために著した政治的著作などであるはずがなく、神宮神職としての敬神思想を記した書であった。内宮側も、そのなかに神宮神職として学ぶべき敬神思想が書かれていると見たからこそ、外宮側から写させてもらったのである。どういう個所が、神宮神職としての敬神思想なのかということについて、以下、考えてみたい。

『宝基本記』に「心は乃ち神明之主たり。心の神を傷ることなかれ。神は垂るるに祈祷を以て先と為し、冥は加ふるに正直を以て本と為す」とある。つまり心に神明が宿るからこそ、心は「正直」であらねばならないとするのである。また清浄について「潔斎の日、清浄の祭服、是れ其の縁也。天真を以て明衣と為す故也」と「清浄」な「祭服」を着ることの意義を述べるのである。

同時に「大麻は不浄の妄執を解除す。清浄の本源に住するが為也」とあって、祓えの道具「大麻(おおぬさ)」という神明奉仕に欠かせないものを具体例に、それにより祓うことから「清浄」が実現すると説くのである。

また神職の心得を説いて「敬神尊仏は清浄を先と為す。今聞くに、諸国神祇の社内、多く穢臭及び雑畜を放つ有り。神を敬ふの礼、豈、此くの如きや」とあって、清浄を説くに際し「敬神」のみならず「尊仏」を引き合いに出しているのである。

これは鎌田氏前掲書が指摘したように平安期の『類聚三代格』にみられるものであり「敬神」のみならず「尊仏」においても「清浄を先と為せ」と説くのが特色なのである。つまり、平安期の敬神思想では同時に「尊仏」が説かれたのであるが、鎌倉期の神宮では「尊仏」が説かれなくなるのであって、平安期にみられる神職心得を継承している点で、同書成立が仮に鎌倉初期(これは久保田氏前掲書の説。ただし田中氏前掲書では平安期の作とみる)だとしても、きわめて平安期的なのである。尊仏を除き、これらは形成期伊勢神道書に共通してみられるものである。このことは、以後の伊勢神道書とも関わる。

鎌倉末期の伊勢神道書『天口事書』に「正直を以て清浄と為す」と記され、同じころの度会家行の『神道簡要』にも「神を祭るに清浄を先と為す」とあって「正直の頂きを照らす」という語もみられる。遅れて出た伊勢神道書も「清浄」と「正直」を説いているのである。同じ家行の、この書成立を以って伊勢神道が確立大成したとされる『類聚神祇本源』の「神宣篇」のなかで『倭姫命世記』の「元を元とし本を本とす」や『御鎮座伝記』の「清浄」と「正直」、『御鎮座本紀』の「神を祭るに清浄を先と為す」などを引用し、神職としての神明奉仕の態度としているのである。

また『類聚神祇本源』の独自部分である「神道玄義篇」には「志す所は機前を以て法と為し、行ふ所は清浄を以て先と為す」とあって「いかなるをか清浄といふ」という「問」を自ら発し、それに対し「或は正直を以て清浄と為し、或は一心不乱を以て清浄と為す」と答えている。「正直」について「清浄」と同一という思想へと展開させつつ、さらに「清浄」とは「一心不乱」に神明奉仕することだと説くようになるのである。

つまり伊勢神道の性格は、内外二宮争訟期に限らない伊勢神道書全体にみられる神宮神職としての敬神思想の文章化ということを本質とするものであって、外宮祠官が内宮祠官との政治的拮抗を有利にしようとして急遽著したというようなものではない、と考察する。

三、おわりに

鎌倉時代を初期、中期、末期に分けると、鎌倉初期に伊勢神道書の早いものは、すでに存在した。たとえば『宝基本記』は六波羅時代成立（山本信哉氏『大祓詞註釈大成』上・解題）の『中臣祓訓解』からほど遠くない鎌倉初期（久保田氏前掲書）とみられている。田中氏前掲書では『中臣祓訓解』より早いとみている。また『御鎮座次第記』においても、鎌倉初期に存在したと鎌田氏前掲書はみている。同書文治元年奥書は、久保田氏前掲書が偽作としていたが、偽作とはできないという鎌田氏説が登場し、同書成立は文治元年以前とされ始めた。田中氏前掲書はそれを推した。『御鎮座次第記』はひとまず措くとして『宝基本記』が鎌倉初期に存在した（西田氏前掲書および久保田氏前掲書）という判断については動かないと思われる。そして同書は、平安期の『類聚三代格』における「敬神」のみならず「尊仏」において「清浄を先と為せ」と説くのと共通する平安期の敬神思想を残している。鎌倉期になると本書を除く伊勢神道書から「尊仏」が消える。このことだけでも『宝基本記』は他の伊勢神道書にさきがけているといえる。鎌倉期の神宮では、さまざまなことが起きる。源頼朝とその御家人による神宮御厨の寄進、幕府が支援する形での二十年に一度の式年遷宮造替、東大寺復興の神宮への祈り、蒙古襲来の敵国調伏への神宮での祈り、そういった新しい出来事がさまざま生じた。来る日も来る日も皇字訴訟に明けくれていたのではない。しかも『宝基本記』をよく読むと外宮側にとって必ずしも有利ではない。内宮神が「無上無二」とすら言っている。とうてい内外二宮の拮抗下、外宮側が書いたとは思えない。伊勢神道の性格を論じる場合、こういった文献も含めて論じなければならない。そうして鎌倉中期、争訟期を迎える。そして、鎌倉末期に、伊勢神道書が引き続き書かれている。訴訟は鎮静化しているのである。訴訟が原因だというのであれば、鎮静化にともなって支えを失って書かれなくなるはずである。それなのに、継続して書かれている。

そのような時期、度会家行の『類聚神祇本源』には「志す所は機前を以て法と為し、行ふ所は清浄を以て先と為す」とあって「清浄」重視思想が継続している。しかも継続するという以上に、思想的深まりがある。同書に「いかなるをか清浄といふ」という著者自身の自問自答があって、そこに「或は正直を以て清浄と為し、或は一心不乱を以て清浄と為す」という答が出されている。つまり「正直」は「清浄」と同じことだと展開しているのである。同時に「清浄」は「一心不乱」に神明奉仕することだと説いている。そのような思想的展開は、皇字訴訟が伊勢神道の支えだという立場からは説明がつかない。伊勢神道における思想的深まりを一方で認め、家行の『類聚神祇本源』成立をもって伊勢神道は確立大成したといいつつ、一方で成立要因をあいかわらず内外二宮の訴訟だとするのでは整合性がとれない。そして鎌倉中期の争訟期には、外宮側が訴訟を有利にするため、写本の字句を改めた。しかし、それは思想的展開ではないのである。このような鎌倉初期、中期、末期の各時代を貫く伊勢神道を生み出したものは、いったいなんだったのかを考えねばならない。つまり伊勢神道とは、内外二宮争訟期に限らない神宮神職としての敬神思想の文章化であって、外宮祠官が内宮祠官との政治的拮抗を有利にするため生ぜしめたものではない、と考察する。

注

（1）『神宮古典籍影印叢刊・神道五部書』（鎌田純一・中西正幸・白山芳太郎編、八木書店刊）所収の『御鎮座次第記』が該本であり、同書端裏書に「神記第二」とある。

（2）おなじく『神宮古典籍影印叢刊・神道五部書』所収『御鎮座伝記』が該本であり、同書端裏書に「神記第一」とある。

第二章　北畠親房と伊勢神道

第一節　北畠親房における伊勢神道と真言宗

一、はじめに

北畠親房にとって、伊勢神道とはいかなるものであったのか、また、真言宗とはいかなるものであったのか、後醍醐天皇における伊勢神道学習や真言宗学習と、親房における同様のそれらとの関係の考察を通路として、この問題を解明してみたい。

二、親房における真言宗

後醍醐天皇に『建武日中行事』（新訂増補故実叢書）という著作がある。同書によって、後醍醐天皇の天皇としての日々の生活のあらましが知られる。そこに、石灰の壇における毎朝御拝のことが記されている。天皇は朝起きられると、まず神宮を拝まれるということのために、それに先立って潔斎をされる。

潔斎がお済みになると、御手水間でお召し物を着替えられ、整髪されて、石灰の壇に出御になる。そして「石灰の壇におはしまして御拝あり」と同書に記されている。

さらに同書によると石灰の壇に進まれた後「辰巳にむかひて両段再拝。そのほか御心にまかすべし」と記されている。

辰巳、すなわち東南の方角に向かって両段再拝、つまり二度の拝を二度される。

この毎朝御拝について、『禁秘抄』（新訂増補故実叢書）に「清涼殿の帳の北より石灰の壇に着す。……神宮、内侍所以下御祈誓」と記されている。

単なる方角としての辰巳ではなく、辰巳の方角にある「神宮、内侍所」を拝んでおられるということが知られる。

この石灰の壇での拝礼の対象が「神宮、内侍所」であるということとともに、その拝まれる場所としての石灰の壇がどのような構築物、つまり壇の上に昇られるものなのか、下に壇があって降りられるものなのか、どちらの精神を現した構築物であるのかということが、問題である。

『禁腋秘抄』（『群書類従』26）に「ヒサシノ南二間、石灰ノ壇也。此間ヲ地下《じげ》ニ准ジテ御拝あり。」と記されていて、地面に準じるわけであるから下に降りて拝礼をされるのである

しかも、殿上での生活を送られる天皇が地面に降りて拝礼をされるという精神を現した構築物であることが知られる。

天皇は、毎朝、地面に見立ててある石灰の壇で拝礼をされるのである。

石灰の壇は、現在の京都御所にもあって、漆喰で塗り固められた一段低いところにある。

そこから「神宮、内侍所」を拝まれるが、まず「神宮」と書かれ、次に「内侍所」とあることは、「神宮」を拝まれ、次に「内侍所」を拝まれるという順序ともとれるが、「辰巳にむかひて両段再拝」とあって一つの所作であることより、辰巳の方角に向かって神宮・内侍所を同時に拝まれる、ということが知られる。

神宮のある辰巳と同一方向の手前側に、内侍所が設けられているのである。

つまり、手前の内侍所を拝まれることを通じて、はるかに神宮を拝まれるのである。

そこで『禁秘抄』（新訂増補故実叢書）に「白地《あからさま》にも神宮ならびに内侍所の方を以て御跡と為したまはず」とあって、南東の方角に対し御尻を向けることがあってはならない、と順徳天皇が記されているのである。

そういう日々の生活を、清涼殿におられるときは送っておられる。

そのような通常時ではなく、異常事態となった場合、後醍醐天皇は毎朝御拝をどのように行われたのか、ということが『太平記』巻四によって知られる。

『太平記』に、後醍醐天皇が隠岐に遷幸になるという記事がある。

遷幸といっているが、実際は幕府が天皇を捕らえ、お流しするという事態であった。

その背景から、まず考えてみると、元弘元年（一三三一）に、元弘の変がおこる。

そこで、日野俊基が元弘の変、即ち後醍醐天皇が中心となって討幕を企てられたということの責任を一身に負って、すべて自分が計画したことであるということで捕えられる。

この変の後、後醍醐天皇は笠置に遷幸されるが、幕府に捕らえられることとなる。

元弘二年（一三三二）、幕府は後醍醐天皇を隠岐にお遷しすると決め、それを実行に移す。その時のことが『太平記』によって知られるのである。

この時、まず後醍醐天皇の第一皇子を土佐国の畑（かつての高知県幡多郡）にお遷しする。

さらに、尊澄法親王を讃岐国の詫間（香川県詫間町〈現三豊市〉）にお遷しする。

『太平記』巻四（新潮日本古典集成）に、その時の状況を記して「かの畑と申すは、南は山のそばにて高く、北は海辺にてさがれり」とあって、南が山で北は海であって、そちらに向かって下がっている。

そして「松の下露、扉《とぼそ》にかかりていとど御袖の涙を添ふ」とある。僻遠の地に流されて泣いていらっしゃるので涙で袖が濡れるが、それに加えて松の枝から落ちてくる雫が扉にかかり、それが跳ね返って袖が濡れる。そういうところへ第一皇子が流されられ、続いて「磯打つ波の音、御枕の下に聞えて」とある。

海岸の磯を打つ波の音が枕のすぐ下に聞えてくるため「これのみ通ふ故郷《ふるさと》の夢路も遠くなりにけり」とある。

「これ」というのは、文脈からいってそのあとに出てくる「夢」のことであり、夢によってのみ帰ることのできる故郷・京都、その京都の夢をみていると、大きな波音で起こされてしまい「夢路も遠くなりにけり」とあって、せっかくの夢が中断される。

弟宮の尊澄法親王の場合は、兵庫（神戸市兵庫区）まで第一皇子の後となり先となって、護送されてきたが、土佐に向かう場合は、兵庫から船で渡っていく。

尊澄法親王は、引き続き陸路を護送される。

そこで「これより引き別れて、備前国までは陸地《くがち》を経て、児島《こじま》の吹上《ふきあげ》より船に召して、讃岐《さぬき》の詫間《たくま》に着かせたまふ」というのである。

兵庫で二人離ればなれとなり、法親王は備前国、すなわち岡山県の児島半島にある「吹上」というところから船に乗り、讃岐国の詫間に流されられた。

詫間という所については、「これも海辺近き所なれば、毒霧《どくむ》御身を侵《おか》して瘴海《しょうかい》の気すさまじく」とあって、瀬戸内海の霧が深く、「瘴」というのは湿気によって起こる病気、またはそのような病気を引き起こす毒気をさすが、湿気の毒気がすさまじいところである。

「漁歌《ぎょか》牧笛《ぼくてき》の夕べの声、嶺雲海月《れいうんかいげつ》の秋の色」、すなわち漁村での地引き網を曳く時の歌声、牧夫がかなでる笛の音、嶺にかかる雲、海に映る月などが秋の気配を伴っている。

「すべて耳に触れ眼にさへぎる事の哀れを催し、御涙を添ふるなかだちとならずといふ事なし」という状況である。耳に聞こえ目に映るすべてにおいて、涙をさそわないものは何もないという状態だったのである。

このようにして、第一皇子たちを討幕を企てたという罪でお流しした後、いよいよ討幕の中心にあった後醍醐天皇に対する処置である。

「先皇をば」と『太平記』は書き出している。

「先皇」というのは、今日の歴史解釈では、このとき譲位はなかったとしているが、『太平記』は、位を譲られたと判断するのである。

後醍醐天皇を「承久の例にまかせ」つまり倒幕を企てられた後鳥羽上皇の承久の例にまかせて、という意味である。

後鳥羽上皇をとらえ隠岐にお流しした前例どおりとするというのである。

ちなみに後鳥羽上皇は、隠岐で崩じられた後、火葬に付され、お付きの者が御遺骨を白木の小箱にいれて摂津まで持ち帰り、上皇が生前好んで滞在された水無瀬離宮で御菩提を弔った。

それが水無瀬の御影堂（今日の水無瀬神宮）である。

後鳥羽上皇の場合は、都に生きてお戻りになることはなかった。

そのような承久の例と同じとする、というのが「隠岐国へ流しまゐらすべきに定まりけり」であって、隠岐にお流しすると決まった。

しかし「臣として君をないがしろにしたてまつる事、関東もさすが恐れ有りとや思ひけん」とあって、ここからは『太平記』作者の推測であるが、臣として君を軽んじ隠岐にお流しするということは幕府もさすがに恐れ多いことであると思ったため、以下のような手続きを踏んだのであろう、という意味である。

そして、その時の手続きのことが記されている。

どういう手続きをとったかというと、それが「先皇」ということにつながる。

まず天皇を先皇とする。どういうことかというと「このために後伏見院の第一の御子を御位に即《つ》けたてまつりて」とあって、鎌倉幕府は、後伏見天皇の第一皇子を皇位につけ、新しい天皇によって先皇を隠岐に遷し奉ったのであって、鎌倉幕府が勝手にやったのではないというのである。

そこで「先帝御遷幸の宣旨を成さるべしとぞ計らひ申しける」とあって、このような先帝としての扱いで、後醍醐天皇を隠岐へお遷しするという宣旨を、新天皇のもとで作っていただくよう計らったというのである。

新しい天皇が即位され後醍醐天皇は「先皇」となられたが、普通の先皇であれば場合によっては復位して「重祚」されるという可能性も残っている。

しかし、今回はそのようなお立場ではないと決めつけ、幕府は次のような態度に出るのである。「天下の事においては、今は重祚の御望み有るべきにもあらざれば」、すなわち、後醍醐天皇の現状は復位の望みは全くない状態にあるので「遷幸以前に先帝をば法皇に成したてまつるべしとて」つまり、隠岐にお遷りになる前に、後醍醐天皇に法皇になっていただく、ということである。

そのため幕府が用意したのが、「香染《こうぞめ》の御衣《ぎょい》を」、つまり法体になって召される御衣が、濃く煮出した丁子《ちょうじ》で染めた黄色い御着物であり、それを「武家より調進したりけれども」そのような計画で幕府は献上した。

ところが、「御法体《ごほったい》の御事は、暫く有るまじき由を仰せられて」後醍醐天皇は出家をしないと仰せられた。そして「袞龍《こんりょう》の御衣をも脱がせたまはず」とある。

袞龍の御衣とは、天皇としてお召しになる御衣であり、後醍醐天皇は天皇として在位中であるという判断をなさっている。

そして「毎朝の御行水をめされ、仮《かり》の皇居を浄《きよ》めて、石灰の壇になぞらへて」とある。天皇が神宮に毎朝御拝をされる時の通りに、それに先だっての禊をされた。

身を清められた後、両段再拝の拝礼をされる場所についてであるが、今は流されていく途中であって、清涼殿東南の隅の石灰の壇がないので、石灰の壇になぞらえられて「大神宮の御拝有りければ」、つまり朝の御拝をされたわけである。

「天に二つの日無けれども、国に二《ふたり》の王おはします心地して、武家ももちあつかひてぞ覚えける」、すなわち天に太陽が二つあるわけではないが、この国に二人の王がいらっしゃるような思いがして、幕府も扱いに困っているように見受けると、作者は述べるのである。

しかも「これも叡慮にたのみおぼしめす事有りけるゆゑなり」とあって、後醍醐天皇がこういう振る舞いをされるということは、密かに幕府を倒すということをまだ諦めておられないのであって、天皇親政の時代にもどしたいと願っておられるからであろうというのである。

これが後に実現する建武中興である。

そういったことをずっとされている。

普通の状況で行われる毎朝御拝は『禁秘抄』などにも書かれている。

そうではなくて、異常事態でどうなさったかということが残されている史料として、『太平記』巻四を見ることができる。

こういうことがあったが、その後、元弘三年（一三三三）に後醍醐天皇は隠岐を脱出して都に戻られ、鎌倉幕府が滅亡する。

そして建武中興となる。ところが、足利尊氏の謀反があり、延元元年（一三三六）の暮、後醍醐天皇の吉野遷幸となる。

それに先立って同年十月、北畠親房が吉野の東方一帯にあたる伊勢に下向していた。

なぜ親房が伊勢に下向していたのかというと、まず伊勢の神宮祠官には勤王の伝統が流れているということが挙げられる。

そして次のような人物が当時の外宮に出た。

度会常昌という人物は、倒幕のための御祈を勤めていた。

また、度会家行がいた。

家行はこのとき北畠親房を迎え、伊勢国における南朝方の中心となって戦った人物である。

それだけが伊勢に下向した理由ではなく、海上交通を考えなければならない。

当時の海上交通は、伊勢の大湊から放射線状に展開していた。

大湊から三河へ向かう航路があった。

遠江へ向かう航路もあった。

さらにそのまま遠州灘を突っ切って三浦半島あるいは房総半島へも向かい、一番遠いのは常陸まで行く。

こういった海上交通が、伊勢の大湊を拠点として展開していた。

そのことによって吉野東方の伊勢を通じて関東あるいは陸奥へと連絡が取れる。

大峯の修験という要素もある。

後醍醐天皇の皇子、護良親王は吉野大峯山系の修験の協力を得ていた。

その大峯と隣接しているのが伊勢である。

それも伊勢が好都合な条件の一つであった。

それから京都と比較的近いという条件もあった。

人的条件と地理的条件の両面によるものなのであるが、親房が伊勢に下向し、度会家行に迎えられ、田丸城に入る。

田丸城というのは、北畠親房が入ったことによって、伊勢国の拠点となった。

その間、度会家行の『類聚神祇本源』の秘中の秘であった神鏡篇を写したということが同書伝本の奥書に伝わっている。こうして家行とともに伊勢国を固める。

その頃の様子を伝えた文書が、『伊勢結城文書』として津市の結城神社に伝わっている。

天皇の吉野到着は延元元年（一三三六）十二月二十八日であるが、『伊勢結城文書』のなかに、その直前の十二月二十五日付後醍醐天皇宸翰が伝わっている。

それは陸奥の北畠顕家宛宸翰であって「今後の計画のことはあなたの父が承知しているので更に連絡があるであろう」というのである。このように親房という人物を媒体としつつ、勤王祠官が伊勢で後醍醐天皇のために尽くすのである。

こうした後醍醐天皇における隠岐国護送途中の毎朝御拝は、『太平記』の作者も承知していたほど、当時こころある人々の間に伝えられていたことであった。

流されられても毎朝御拝をなさって神宮を拝んでいらっしゃるということが神宮祠官たちの耳にも届き始めるのである。

そのようになさっている天皇の御為に勤王の誠を尽くそうとした、それが度会常昌、あるいは度会家行その他の神宮祠官たちであった。

ところで度会家行の『類聚神祇本源』の秘中の秘であった神鏡篇を親房が写したという以前に、家行は『類聚神祇本源』を後宇多上皇と後醍醐天皇にお見せしていた。その際に親房も同書を読んでいるが、「神鏡篇」は秘中の秘であるとして除外された。

それを親房が写したということが、神宮文庫本『類聚神祇本源』の本奥書に残されている。

そういうことがあったということと、親房が伊勢神道家であるということとは、本来別問題である。

後醍醐天皇と親房は真言宗の特に東密を奉じていた。

したがって、神道においては両部神道家であった。

親房には両部神道書の『真言内証義』という著作がある。

また、これは今日、両部神道という呼称を与えて分類しているが、当時にあっては、真言宗そのものであった。そのような当時の真言宗と鎌倉末期の伊勢神道とにおいて思想的に共通する部分があるとみたため、親房は伊勢神道を学んだのであった。

しかも鎌倉末期伊勢神道書にはすでに両部神道の影響があった。

したがって、当然、共通部分もあったのである。

家行の『類聚神祇本源』には詳しく両部神道書の『麗気記』の引用がなされている。

家行のころの伊勢神道は、発生した当初の伊勢神道ではなく、両部神道書『麗気記』の影響を受けた伊勢神道であった。

その影響を受けたのが親房であった。

二、親房における伊勢神道

親房は、両部神道を中心とした伊勢神道との折衷学であり、それに影響を与えた家行は、伊勢神道を中心とした両部神道との折衷学であった。

両者は当然似ているが、言わば拠って立つ本貫が異なるため、重点の置き方が異なる。家行にとって、外宮祭神に対する皇字付与は、避けて通れない重大な問題であったが、親房にとって、外宮祭神に対する皇字付与は、外宮祠官によって作為された謬説に過ぎなかった。

そこで親房は『二十一社記』（神道大系『伊勢神道（上）』）に記して「末代ノ今、皇字ヲ加ヘラルベシト申請フル、神慮測リガタキ事也」と批判するのである。

内宮の尊きこと二つとないとする『皇字沙汰文』における内宮側の主張（永仁四年六月七日状）と内外二宮が尊きこと二つとないとする外宮側の主張（『皇字沙汰文』永仁四年八月十六日状）の争いには、親房は『二十一社記』に「皇太神宮ト崇テ無二ノ尊廟ニ坐ス」と判断するのである。

また同書に「惣テハ一塵一物モ神ナラズト云事無也。手足ニモ触レ耳目ニモ当ラム時ハ、是神也ト知テ之ヲ敬フベシ。自ラ災難ヲ除、障碍ヲ止ベキ道也。況乎、上天ヲ仰デ是レハ日神昼ヲ照シ給。正ニ是モ皇祖大日霊尊ニ坐セリ。月神夜ヲ照シ給。又是月読神也。争デカ非礼ヲ行フベキ」とある。

つまり内宮祭神を外宮祭神との対極で考えるのではなく、日神、月神を対比して採り上げる場合も月神を月読神と記す『日本書紀』の立場に立つことはあっても、伊勢神道書にみられるような月神を外宮祭神にあてて無二の尊廟だとする説の立場に立つことはないのである。

このような説を伊勢神道説ということはできないであろう。

ところで、親房は『神皇正統記』嵯峨天皇の条（神道大系『北畠親房（上）』）に、諸宗への公平を説いている。

即ち、「君トシテハ何レノ宗ヲモ大概シロシメシテ捨テラレザラン事ゾ国家攘災ノ御計」とある。

諸宗への公平を説いているので、この論調の延長線上には親房自身、特定の宗教に接近することがなかったかのように見られがちであるが、実際はそうではなかった。

本書を「君」もしくはその側近の披見を想定し、諸宗への理解不足のまま南北朝時代の難局を乗り切ろうとする「君」の危うさを指摘したものであって、自分自身の諸宗との出会いを踏まえての忠告とみられる。

もちろん、本書は後醍醐天皇崩後の作であって後村上天皇が特定の宗に片寄られず、諸宗を広く学ばれることを心掛けていただきたいと説く性格のものである。

諸宗への公平なる理解なくして「国家攘災」は困難と断言したものであった。関東の戦陣から吉野へとこのような書を書き送らねばならなかった要因も、そのような危うさが「君」およびその側近にあったからであるとみなすことができる。

ただし、これは諸宗を公平に理解することを説く範囲に留まるものであって、そういったなかで「君」としていずれの宗を信仰されるべきかという点は別問題であった。

それについては、同書嵯峨天皇の条に「真言ヲ以テ諸宗ノ第一トスル事モ宗ト東寺ニヨレリ」とあって、真言宗の特に東密であると説いている。

さらに同書は、華厳宗、三論宗、法相宗などについて触れ、弘仁期以降は真言・天台を中心とすることとなったと記しつつ諸宗に言及し、君としてはいずれの宗も「大概」ご理解いただきたいと説くのである。

仏教に限らず、儒教や道教についても学び、また卑しき芸をも用いるのが聖代だと述べるのである。神道についても、「我朝ノ神明モ取分キ擁護シ給フ教アリ」とあって、その重要性を強調するとともに「諸教ヲ捨テズ、機ヲ漏サズシテ得益ノ広カラン事ヲ思ヒ給フベキ」と記し、諸教尊重を説くのであった。

その過程で、「一宗ニ志アル人、余宗ヲ謗リ賎ム。大ナル誤也」と記しているのであって、真言宗に志を持つことを薦めると同時に、真言宗に志をいだくあまり、他宗に批判的になることを慎んでいただきたいと説くのである。

また、「我ガ信ズル宗ヲダニ明メズシテ、未ダ知ラザル教ヲ謗ラン。極メタル罪業ニヤ」とも記して、真言宗の習得不充分のままで、他宗を謗る傾向に、「君」またはその側近があったものと思われる。

そこで、自分の信じる宗派すら未習得であるのに他宗をそしってはならないと述べたものであろう。天皇としての信仰は、その中心に真言宗を置くのがよく、中でも東密を中心とすべきであるという論調を改めたわけではなく、そのような立場に立った上で、他宗をそしることなく、いずれの宗をも広く学習される必要があると説いたものであった。

親房は、長く仕えてきた後醍醐天皇の諸宗に対する態度を、どのようにみていたのであろうか。『神皇正統記』の後醍醐天皇の条に次のようにある。

仏法ニモ御心ザシ深クテ、ムネト真言ヲ習ハセ給フ。始ハ法皇ニ受ケマシマシケルガ、後ニ前大僧正禅助ニ許可マデ受ケ給ヒケルトゾ。其ナラズ、又諸流ヲ受ケサセ給フ。又諸宗ヲモ捨テ給ハズ、本朝、異朝、禅門ノ僧徒マデモ内ニメシテテトブラハセ給ヒキ。都テ和漢ノ道ニカネ、明カナル御事ハ中比ヨリ代々ニハ越エサセマシマシケルニヤ。

つまり、最初、真言宗を後宇多上皇から学ばれたが、後に直接高僧から秘伝の伝授を受けるほどとなられ、また東密以外の延暦寺や園城寺に伝わった台密の流れをも習得されるほどであり、さらに諸宗をも捨てられなかったと説くのである。

基準に後醍醐天皇を置いていると思わざるをえないのである。

そして、親房自身の真言宗習得や諸宗学習も、恐らく後醍醐天皇と同様の努力を積んでいたものとみられる。東密といっても麗気潅頂などの両部神道化傾向にあった真言宗であり、そのことを度会家行も承知していたのであろう。

そこで家行は純粋の伊勢神道のままとせず『麗気記』など両部神道書の説と対比しつつ『類聚神祇本源』を編纂し、後宇多上皇の御覧と後醍醐天皇の叡覧に供したのであった。

そういう状況下、親房が著したのは、『真言内証義』という両部神道書であった。

『真言内証義』は、真言に関する心の内部に立証的に悟り得た意義を記すというものであって、本書冒頭（日本古典文学大系『仮名法語集』）に「真言宗は、如来内証の法門、最極醍醐の密蔵也」と説いている。

これは『神皇正統記』嵯峨天皇の条に「此宗ヲ神通乗ト云フ。如来果上ノ法門ニテ、諸教ニ超エタル極秘密ト思ヘリ」とあるのと同じ内容である。

同書に「就中、我国ハ神代ヨリノ縁起、此宗ノ所説ニ符合セリ。此故ニヤ、唐朝ニ流布セシハ暫クノ事ニテ、即日本ニ留リヌ。相応ノ宗也ト云フモ理ニヤ」とあるのは、『真言内証義』に「此の宗の唐朝に在し事は暫の程也。我朝一州流転して絶ゆることなし。是、深き故有べし。天地開闢の根元より始て、天照内外の鎮坐等に至るまで、一として此宗に符合せずといふこと無し。然れば我国有縁の宗也。日域に生を受て相応の宗に遇はんこと、おぼろげの縁とは思ふべからず」とあるのと一致する。

このように、北畠親房にとって、後醍醐天皇が重んじられた真言宗は、わが国における神道の教えと一致する教えだったのである。

『麗気記』は当時、空海撰と信じられていた書であり、その書によって知られる両部神道説を空海が唐より持ち帰ったものと判断し『日本書紀』などによって知られるわが国古来の神道と一致するのが真言宗である、と解していたのである。

四、おわりに

以上、北畠親房にとって、後醍醐天皇が重んじられた真言宗は、わが国における神道の教えと一致する教えだったのである。親房にとって真言宗とは、両部神道と今日われわれが呼んでいるものを中心としていた真言宗だったのであって、しかもそういう真言宗と、家行がもたらした伊勢神道とが合致する教えだったのである。そのことを知った上で、両部神道の立場から伊勢神道を学んだのが親房であって、その成果を盛り込みつつ国史を回想した書が、『神皇正統記』という親房が全身全霊をかけた書だったのである。

第二節　北畠親房における神道説の特色

一、はじめに

北畠親房は、その著『神皇正統記』に「光孝ヨリ上ツカタハ一向上古ナリ。ヨロヅノ例ヲ勘フルモ仁和ヨリ下ツカタヲゾ申メル」と記し、光孝天皇以前を全くの上古だとして現世を考える上で参考にならないとするとともに「サレド其比、執柄、権ヲホシキママニセラレシカバ、御政ノアトキコエズ。無念ナルコトニヤ」と記している。つまり、そのころから摂関家が権力をほしいままにするようになり「無念」であると記していて、「仁和」のころがよい時代なのでその時代に復帰しようと呼びかける立場に立つわけではないのである。

すると同書は、理想的な時代を過去のある時代に想定し、その時代へと復帰させたいとする復古主義的な現世観を抱いたものではないとみられる。

それでは、北畠親房はいかなる現世観を持っていたのであろうかという考察を通じ、親房における神道説の特色を明らかにしてみたい、というのが本稿の目的である。

二、親房における末世

鎌倉時代の天台僧・慈円は、その著『愚管抄』に「寛平マデハ上古、正法ノスヱトオボユ。延喜・天暦ハ中古ノハジメ」と記している。寛平年間（八八九―八九八）までは「正法ノスヱ」というのであるが、これは釈迦没後を、正法・像法・末法と区分し今は末法であるという末法思想を基盤に「正法ノ末」と記すのであるから、平安初期の寛平年間まではよき時代は終わったとする立場に立つのである。

しかし『神皇正統記』は、そのような古い時代は全くの上古であるとし、逆にそのほぼ同じ頃の仁和年間（八八五―八八九）を境としてそれ以降が参考になると説くのである。

ところで、『神皇正統記』に「抑、民ヲミチビクニツキテ諸道・諸芸ミナ要枢也」と記し、諸道・諸芸の重要性を語っている。これも諸道・諸芸を現世にあって発展させたいと考える立場に立つものであって、単なる過去への評論めいた議論ではなく、現世をよくしていこうとすることへの関心から説いているのである。

また、「古ニハ詩・書・礼・楽ヲモテ国ヲ治ル四術トス」として古代中国の詩・書・礼・楽についてふれている。しかし、それへの復帰を説くのではなく、むしろ日本で詩・書・礼を紀伝・明経・明法三道のなかに含めて展開してきたことを評価し、人々の心を清らかにする道としての詩歌の重要性を説き、日本でもそれを重んじてきたという事実を述べようとしている。

続いて四術の一つである「楽」について、わが国では芸能の如く思われてきたことを「無念」であると述べるとともに、「風ヲ移シ俗ヲカフルニハ楽ヨリヨキハナシ」という『孝経』の言葉を引きつつ「治乱ヲワキマヘ、興衰ヲ知ベキ道」である音楽をよきものにリードしていくべきだとするのである。

つまり、よい音楽が流行するのはよい政治が行われている証拠であり、悪い音楽が流行するのは悪い政治が行われている証拠であるとする中国古代の政治思想をふまえての発言なのである。

さらに、同書に「詩賦・歌詠ノ風モ、イマノ人ノコノム所、詩学ノ本ニハコトナリ」とある。しかし、「イマノ人ノコノム所」、すなわち日本で好んで作られている漢詩や和歌に対して、詩学の根本からいえば正道ではないとしつつ、それを突き放してしまうのではなく「シカレド、一心ヨリオコリテ、ヨロヅノコトノ葉トナリ、末ノ世ナレド、人ヲ感ゼシムル道也」と説き、「末ノ世」であっても人々に感銘を与えることができるのが詩歌であるとし、より発展させていくべきと説くのである。この議論のなかで、「一心ヨリオコリテヨロヅノコトノ葉トナリ」とあることについて、同じ親房著『古今集註』に「此、歌も一心よりよろづの言葉となり、一音より出てさまざまな曲節をなすものなり」とする同種の発言がみられる。

続けて「コレヲヨクセバ、僻ヲヤメ、邪ヲフセグヲシヘナルベシ。カカレバ、イヅレカ心ノ源ヲアキラメ、正ニカヘル術ナカラム」と記して、いかなる芸でも人々の心を正しくみちびいていく術がひそんでいると説くのである。

さらに、輪扁という車をつくる職人が、輪を削って斉の桓公を教えたという『荘子』天道篇にみられる話や、弓工が弓を製作して唐の太宗を悟らしめたという話（『貞観政要』所載）を紹介し、囲碁などの戯れの芸であっても、それに熱中すれば心が静められ軽々な行動をしないための予防になると説き、根本的な精神にいたらずとも一芸は学んでおくようにと説いている。

そして、飽きるまで食べて何もしないより囲碁でもせよ（『論語』所載）という孔子の言葉を引いて、一道をきわめてその伝授を受けたり、一芸に携わる者がその芸の根本を究めようとすることは、世の人々を導いていく上で参考となるばかりでなく、自らの迷いをなくす上で重要なことであると述べている。

本書は、そのように「諸道・諸芸」を重んずべきことを説き、なかでも詩歌の道は「末ノ世ナレド、人ヲ感ゼシムル道」であると評価するのであって、現世における人々の感動に重きを置くのである。つまり、「末ノ世」という言説の本書における使用状況は、現世を表す言説として使われているのであって、現世を悲観し虚無的になって使用しているのではないことが知られる。

三、親房における中古以降

「ヨロヅノ例ヲ勘フルモ仁和ヨリ下ツカタ」（『神皇正統記』）という発言について、もう少しその周辺を探ってみよう。

同じ親房著の『職原鈔』に、仁和以降の摂関家子弟の官位昇進に関する特権が無批判で記されている。これは是認していたとみざるを得ない。光孝天皇以前を全くの上古とみてこれからの政務は仁和以降つまり中古以降の例に基づくべきと判断していたからこそ、摂関家の特権を上古の白紙に戻すべきだという発言をしていないのである。また、同書摂政の条、関白の条にそれぞれの沿革を無批判に記して摂政・関白が置かれていなかった上古への復帰を唱えていないのは、中古摂関政治への批判論者ではないからである。

ただし、摂関全盛期の行きすぎに対して批判していることも事実であって、純粋な中古主義者ではない。たとえば『神皇正統記』後朱雀天皇の条に、藤原頼通の摂関家としての専権に対し、「無念ナルコトニヤ」と記している。また同書後醍醐天皇の条に、「中古トナリテ庄園オホクタテラレ、不輸ノ所イデキショリ乱国トハナレリ」と記し、「中古」となり荘園が多くなって乱れたと断じている。したがって、中古礼賛論として「仁和ヨリ下ツカタ」の発言を受けとめることは困難である。

さらに、中古において天皇親政であった後三条天皇に対し、「延喜天暦ヨリコナタニハマコトニカシコキ有徳ノ君」と評価していて、「此御時ヨリ執柄ノ権オサヘラレテ、君ノ御ミヅカラ政ヲシラセ給コトニカヘリ侍ニシ」と記し、摂関政治抑圧の天皇に対し批判していないことに注意しなければならない。

しかし、摂政関白を置くことを認め、しかも摂関を置く際、藤原北家を譜代と認め、他の例えば親房自身が所属している村上源氏の摂関への望みを拒絶する姿勢であって、そういった官位昇進のモラル確立が、混乱期の当時における優先課題であるとみていたと考えられる。

そのように、官位昇進のモラル確立という観点から、中古以来という一線を引き、上古の例まではさかのぼってはならないとする判断であったとみられる。

四、親房における上古と中古

さて、どのような事例の時、上古より中古を重視せよと説いているのか、みてみよう。具体例が豊富なのは同じ親房著の『職原鈔』である。そこで同書をみてみると、神祇伯の条に記して「昔ハ諸氏混任、或ハ又、大中臣氏コレニ任ズ。中古以来、花山院ノ子、弾正尹清仁親王ノ後胤相続シテ、他人コレニ任ゼザレ」とある。

諸氏混任の「昔」すなわち上古ではなく、中古となって神祇伯家が「清仁親王ノ後胤」に固定した事実を記している。

当時において「譜第」の家を重んじざるを得ないこと、親房自身『神皇正統記』後醍醐天皇条に明記していることである。同条によると、譜第尊重では人材が出てこず「上古ニオヨビガタキ」という批判があるかもしれないが、譜第を重んじないで、譜第を重んじた以前の状態に戻すならば「イヨイヨミダレ」るので「譜第ヲオモクセラレケルモ、コトハリ也」と記していて、譜第尊重が現実の混乱期における最善策だと述べている。このような「譜第ヲオモク」する「コトハリ」が、いつの時代に始まったかということについては、「寛弘以来」だとしている。すなわち、同条に「寛弘以来ハ譜第ヲサキトシテ、其中ニ才モアリ徳モアリテ職ニカナヒヌベキ人ヲゾ、エラバレケル」とあって、寛弘年間だと説いている。中古の一条天皇の寛弘年間以来の「コトハリ」だというのである。

また、『職原鈔』の文脈から判断しても、神祇伯家が固定した中古以降を現実の神祇伯選任の参考とすべきだと考えていたのであって「諸氏混任」の「昔」に帰るべきではないという判断であったとみられる。

次に、『職原鈔』明経博士の条に、「中古以来、清・中両家、次ニ依リテコレニ任ズ。」とあって、明経道における、中古以来の清原・中原両家の立場を容認し、明法博士の条に、「中古以来、坂上・中原両流、法家ノ儒門タリ。当職ヲ先途ト為ス。」とあって、坂上・中原両流の中古以来の明法博士を先途とする立場を認めている。

次に、同書東宮傅条に、「相当正四位上タリトイヘドモ勅任官也。尤モ重シト為ス。三公タルノ人コレヲ兼ヌ。大納言兼任先例多シトイヘドモ、中古已来邂逅也。」とある。東宮の傅は、相当位階正四位上ではあるが、一位二位相当の大臣兼任が中古以来の例であって、三位相当の大納言の兼任は、古くさかのぼれば例がないではないが、中古以来ではごくまれであると述べている。古く大納言の兼任を認めていた上古よりも、むしろ大臣の兼任に固定し、より重んじられるようになった中古以降の方を、「勅任」であり、「尤モ重シト為」す東宮傅の性格からいって、採用すべきだと判断していたとみられる。

次に、検非違使別当の条に「参議已上、尤モ其ノ人ヲ択ブ也。往古、非参議トイヘドモコレニ補ス。中古以来、更ニ其ノ例無シ。」とある。参議以上でもっとも人材を選ばなければならない検非違使別当に、上古では非参議でこの職に任命された例はなくはないが、中古以降ではその例なしと述べている。非参議でも検非違使別当になることができた上古より、非参議では検非違使別当になれなくなった中古以降の方を、「参議已上、尤モ其ノ人ヲ択ブ也」という主張とあわせて考えると、人材登用の方策として採るべきだという判断だったとみられる。

次に、検非違使の尉の条に、「明法道ノ儒、必ズコレニ任ズ。上古其流一ナラズ。中古以来坂上・中原両家法家ト為レリ。仍リテコレニ任ズ」とあって、坂上・中原両家が検非違使の尉に任じられている中古以降の現状を評価し、上古のいまだ家が定まっていなかった状態に戻らねばならないとするものではない。

以上のような諸官に関する発言をもとに、「ヨロヅノ例ヲ勘フルモ、仁和ヨリ下ツ方」という発言の意味を考察するならば、現実政務の参考とすべき前例は、中古以来の例であって上古まではさかのぼる必要がないという判断だったと言えよう。

しかし、中古のことであればすべてよしとしていたのかというと、問題は別である。その官職の本質からみて中古に誤解が生じているものに対しては、上古への復帰論を展開するのである。たとえば、『職原鈔』鎮守府将軍の条に、「鎮守府、将軍一人。相当従五位下。古来重寄タリ。武略之器ニアラザル者、其仁ニ当タラザレ。仍リテ将軍ト称スレバ鎮府ノ将也。中古以来陸奥守ト為ル者多ク鎮府ヲ兼ヌ。然ルベカラザル事カ。守ハ宜シク吏幹之才ヲ択ビ、将ハスベカラク藩鎮之器ヲ用フル故也。」とある。鎮守府将軍は古来の重責であり、武略の器でない者がなってはならない。したがって単に将軍といえば、古来この鎮守府将軍をさすほどである。ところが中古になると、文官である陸奥守が武官の鎮守府将軍を兼任する例が多くなる。これは陸奥守の本来の姿、鎮守府将軍の本来の姿からいって、あるべきではないと否定するのである。中古以来の例であっても、本質から判断して上古に帰るべきであると説いている個所が、このように存する。

「ヨロヅノ例ヲ勘フルモ仁和ヨリ下ツカタ」という発言の基礎に、仁和以降の中古への絶対的賛美論があるのではなく、現実の政務における混乱をさける必要上、中古以降に確定した譜第を重んじるのも良策だという判断からであり、中古以来の例であっても本質をゆがめているケースに対しては中古以来の前例ではなく、上古の例にもどるべきだと説くのである。一般的ケースは仁和以来の先例に従って選んでよいという判断が、「ヨロヅノ例ヲ勘フルモ仁和ヨリ下ツカタ」という発言の意味であると判明するのである。

五、親房における現世

次に、近代の例に対する態度を見てみよう。

まず、近代の例のうち、容認できないと発言しているケースがあるので、それをとりあげてみたい。『職原鈔』大膳亮の条に、大膳職のような職クラスの規模の役所の次官は、六位相当官が多いが、当職の次官は五位相当官であり、これが本来の姿である。にもかかわらず、「近代、頗ル軽シト為」している現状は、「其ノ理ニ叶ハズ」と述べている。

また、弾正弼の条に、殿上人の四位・五位に相当する官であって要職にもかかわらず、「近来地下ニ及ブ」、すなわち、六位以下の地下人がこれに着任する例が近年出ている。これは「無念ノ儀」であると述べている。

また、弾正忠の条に、「六位ノ諸大夫・同侍等、コレニ任ズ。相当已ニ高キノ上、顕職タル也。近代、靫負尉ノ下司ト為ス。理ニ叶ハザルカ。」とあって、判官の中で、中務を除く七省の判官より相当位が高い弾正台の判官（忠）は、相当位が高い上に顕職である。ところが、近代、弾正忠は相当位階が三階下の靫負尉を上司とする官に下落している。道理にかなわないことだと近代の実状を嘆いている。

　また、検非違使の尉は、六位の尉が五位になった時に返上することとなっており、明法道出身のもののみ五位昇進後も尉が許されるのが本来であった。ところが、「近代、人ゴトニ叙留ス」、即ち、明法道出身以外のものまでが現職で留任している現状は、「旧例ニ違フ也」すなわち本来の姿ではないと近代の実状を嘆いている。

　このように、親房にとって容認できない近代の諸例があることは事実である。

　しかし、反面、事実のみ記して批判的な発言を加えていない場合がある。

　これは、文脈から判断して、むしろ近代の例でも現実の人材登用の参考にすべきと判断して記しているとみられるものであり、なかには、そのような近代の例を採択してよいと積極的に発言しているケースもみられる。

　まず、『職原鈔』神祇伯の条に記して、「伯ニ任ズルノ日、王氏ニ復ス。是レ近例也。」とある。臣籍にくだった伯家において、神祇伯に任ぜられた時に王氏に復するというのが伯家としての伯家における流例であるが、これは「近例」であると記しつつ、批判的発言を加えていない。神祇少副の条（「相当正六位上也。近代五位官也」）、少納言の条（「近代然ルベキノ諸大夫コレニ任ズ」）、外記の条（「近代清中両家其職ニ任ズ」）、中宮大夫の条（「近代花族ノ納言等コレヲ兼ヌ」）、中宮権大夫の条

（「近代尤モ其ノ人ヲ択バル」）、内蔵助の条（「近代多クハ医・陰ノ二道コレニ任ズ」）、暦博士の条（「近代五位已上コレニ任ズ」）、天文博士の条（「近代五位已上コレニ任ズ」）、式部卿の条、刑部大輔・少輔の条などにも、近代の事例であると述べて、これに対する批判的言説を付していない個所がみられる。

しかも、それらのなかには、たとえば、相当位階従七位上の暦博士の条に、「近代五位已上コレニ任ズ」とあり、相当位階正七位下の天文博士の条に、「近代五位已上コレニ任ズ」とあるなど、律令官制の相当位階と相反する事例が近代になって慣例化していることを前提としての無批判がみられる。

これらは、近代に始まったことではあっても、容認する態度で記している。近代以来の慣例のなかでも、このような暦博士、天文博士の重視化に対して現状を容認し、これは人材登用を決定する上で参考になると判断していたとみてよいであろう。

というのは、さらに進めて、積極的に近代の事例であってもこれはよいので採り入れていくべきだと発言するケースも存在する。

たとえば、『職原鈔』蔵人所の条をみてみよう。同条に記して、「嵯峨天皇ノ御宇、弘仁年中初メテコレヲ置ク。……弘仁以往、少納言及ビ侍従ハ近習宣伝ノ職タリ。而ルニ此ノ御宇、初メテ当所ヲ置ク。公卿第一ノ人別当ト為ス。左大臣、別当ト為ス、是レ流例也。四位ノ侍従中、殊ニ其ノ人ヲ撰ビ補シテ頭ト為ス。但シ上古五位ノ頭有リ。近代コレナシ。」とある。

蔵人頭について、上古、すなわち光孝天皇以前においては、五位で蔵人頭に着いた例はあるが、近代は四位でないとなれないというのである。これは四位の侍従の中で、殊に人材を選び蔵人頭に任命すると述べていることとあわせ考えると、そのような要職であるからこそ、近代において五位の頭はないという判断になるのであって、そのような近代の例を上古より重んじているとみられる。五位で頭に就けてはならないと実際の職務内容から判断し述べたものである。だからこそ上古において五位の頭があったという例をあげ、五位で蔵人頭に就けようとする動きがある場合を想定し、この職は「四位ノ侍従中、殊ニ其ノ人ヲ撰ビ補シテ頭ト為ス」とそれを遮断したのが、この発言である。

だとすれば、「上古五位ノ頭有リ。近代コレ無シ」という発言は、近代の例を上古より重んじたケースとみてよいであろう。『職原鈔』を現実の混乱期の政務の参考にと考えて記しているからこそ、このような発言が生じるのであって、上古への復帰論でもなく、また中古礼賛論でもない。蔵人所創設以来、蔵人所別当は公卿の第一人者、すなわち左大臣が兼任する流例であるからこそ、その直属の蔵人頭もしかるべき人材でなければならないと断じたのである。

創設期より仁和までの上古には五位の頭が存在したが、その後「近習宣伝ノ職」としての蔵人頭という要職に、四位の侍従をさしおいて五位で頭に就任させる事例はなくなった。親房はこの点を強調するのである。四位の侍従中、ことに人物を選び、五位では蔵人頭に就かせないという体制は、近代になって固定したものだが、蔵人頭の性格から判断して採用すべき慣例であった。近代の例を上古の例より重んじているケースである。

そのようにしてみていくならば、近代の前例を記して批判的発言を加えていないケースに関しても、現実の人材登用への参考と判断し容認していたとみてよいであろう。

後白河上皇の院政期以降に対し「近代」あるいは「末世」と呼ぶこと、当時の通念的な呼び方として親房の場合も認められるが、末世に入ったから摂関家がしりぞけられたとは、必ずしも親房はみていない。末世に入る以前での摂関家の実権がおさえられた事例への称賛的発言が『神皇正統記』のなかにみられるからである。

それは、同書後三条天皇の条に、「後冷泉ノスヱザマ、世ノ中アレテ民間ノウレヘアリキ。四月ヨリ位ニヰ給シカバ、イマダ秋ノオサメニモオヨバヌニ、世ノ中ノナホリニケル。有徳ノ君ニオマシマシケルトゾ申伝ハベル。……此御時ヨリ、執柄ノ権オサヘラレテ、君ノ御ミヅカラ政ヲシラセ給フコトニカヘリ侍ニシ。」とある記載である。すなわち、近代以前の中古において「執柄ノ権オサヘラレ」たこの天皇に対し、「有徳ノ君」と称え、「延喜・天暦ヨリコナタニハマコトニカシコキ」と記しているのである。

しかも、親房の述べる所の「近代」は、現世に対する考え方において特色がある。

親房の考えでは、近代は末世であるが希望があると説くのである。

まず、平氏滅亡の際、神剣が壇ノ浦に沈んだことに対し、『神皇正統記』後鳥羽天皇の条に記して、「宝剣ハツヒニ海ニシヅミテミエズ。……宝剣モ正体ハ天ノ叢雲ノ剣ト申スハ、熱田ノ神宮ニイハヒ奉ル。西海ニシヅミシハ崇神ノ御代ニオナジクツクリカエラレシ剣也。ウセヌルコトハ末世ノシルシニヤトウラメシケレド、熱田ノ神アラタナル御コト也。……此国ハ、三種ノ正体ヲモチテ眼目トシ福田トスルナレバ、日月ノ天ヲメグラン程ハ一モカケ給マジキ也。……今ヨリユクサキモ、イトタノモシクコソオモヒ給レ。」とある。末世としての現世における「今ヨリユクサキ」の心の持ち方について、「ツクリカヘラレシ剣」が沈んだのであって、真の剣は熱田の宮に現存し、三種神器は「一モ欠ヶ給マジキ」存在であって、三種神器が揃って現存する以上、「イトタノモシ」いではないか、と説くのである。

同様に、末世における希望を述べた個所とみられるのが『神皇正統記』後宇多天皇の条の蒙古襲来を述べた段である。同条に記して、「辛巳ノ年（弘安四年ナリ）蒙古ノ軍、オホク船ソロヘテ我国ヲオカス。筑紫ニテ大ニ合戦アリ。神明、威ヲアラハシ、形ヲ現ジテ防ガレケリ。大風ニハカニオコリテ数十万艘ノ賊船、ミナ漂倒破滅シヌ。末世トイヘドモ神明ノ威徳不可思議ナリ。」とあり、末世であっても神明の加護により希望があると説いている。

さらに、現世を論じて同書応神天皇の条に、「代下レリトテ、自ラ賤ムベカラズ。天地ノ初ハ今日ヲ始トスル理アリ。」とあって、代がくだったとして現世をいやしむべきではなく、今日を始めと考えるべきであるととくのである。

六、おわりに

以上、北畠親房の現世観は、今をいやしむべきではなく、今日を始めとしようとする現世肯定的な現世観であると判明した。また、上古の諸例尊重論への批判についても、実績の継続という現世中心的な発想からきているということが明らかになったと思われる。

第三章　神国論の形成と展開

第一節　神国論の形成

一、はじめに

山田孝雄氏は、その著『神皇正統記述義』(1)に「わが国を神国たりとする思想は日本紀に既に見え、降りては貞観十一年に伊勢大神宮石清水八幡宮の二神宮に献られし告文にも見え、又長元四年八月の宣命にも見え、その他、大神宮諸雑事記、東大寺要録、平戸記、玉葉、玉蘂、吾妻鏡、平家物語等にも見えたれば、新らしきことにはあらず」として『神皇正統記』以前の神国論の存在を指摘している。ただし『日本書紀』にみられる「神国」の記載の場合、これを「わが国を神国たりとする思想」とみてよいのかどうか疑問である。また『日本書紀』の神国の記載と、それ以降の平安時代になってからの文献にみられる神国の記載との間においても、分けて考えねばならない要素がある。

山田氏の場合はそういった問題への関心はあまりなく、平安時代から鎌倉時代にかけての文献に見られる神国の記載は「茫漠たるもの」であり「浅薄なるもの」と断ずるとともに、『神皇正統記』の神国論こそが「はじめて神国といふことの真意をさとる」にいたった神国論であるとする結論先行型の議論であった。

そこで、わが国は神の国であるとする論は、どのように発生し、どのように推移していったかということについて、明らかにしてみよう、というのが本稿の目的である。

二、鎌倉初期までの神国論

元来、わが国には自らの国を神国とみる思想は存在しなかった。なぜなら『古事記』『万葉集』『風土記』および後述する『日本書紀』神功皇后紀での新羅王の言として伝えられた個所、つまり『日本書紀』によって外国人の発言とされている個所以外の奈良時代の史料で、日本人自身がわが国は神国であると発言した個所がみられないからである。

これは、神が国家の基を開くとか、神が国家を護るというような思想を、その頃以前に誕生せしめていなかった証拠である。当時の人びとにとって、国土を神が生むということについて、外国もそれぞれ、国土はその国においてその国の神が生むものと考えていたため、日本だけが特別に神によって生み出されたという思想を持ち得なかったのである。

この頃の外交で知り得ていた知識では、他の国も国の誕生は神のなせるわざであって、『古事記』や『日本書紀』にみられる神話によって国の誕生を考えていた当時の人びとにとって、日本列島だけが神の為せるわざであるという意識は芽ばえていなかった。当時の文献に、日本人の自発的発言としてわが国は神の国であるとする記載がないことが、その証拠である。神国という言説が、初めて日本にもたらされたのは、外国史料によってであった。
『日本書紀』の神功皇后紀に、「新羅王曰く、吾聞く、東に神国有り。日本と謂ふ。亦聖王有り。天皇と謂ふ。必ず其の国の神兵ならむ」という記載がある。これを『日本書紀』に載せる際に、編者が創作したのであれば、『日本書紀』の神功皇后紀以外の個所や、当時の他の文献のどこかに神国論があるはずであって、当時、日本にまだ神国思想が生まれていない以上、『日本書紀』編者の創作とは思われない。

同書編纂材料は、新羅王発言の一次的史料ではないながら、半島で書きとめられた記事に基づいていたと考えられる。周知の通り『日本書紀』は、その成立過程で、百済の史書が編纂材料として利用されている。

たとえば『百済記』が神功皇后四七年紀、神功皇后六二年紀、応神天皇八年紀、応神天皇二五年紀、雄略天皇二〇年紀に利用されている。さらに『百済新撰』が雄略天皇二年紀、雄略天皇五年紀、武烈天皇四年紀に利用されている。また『百済本記』が、継体天皇三年紀、同七年紀、同九年紀、同二五年紀、欽明天皇二年紀、同五年紀、同六年紀、同七年紀、同一一年紀、同一七年紀に利用されている。

百済は、新羅と国境を接し両国は絶えず争っていた。しかも『日本書紀』成立の少し前に滅亡したため、百済の王侯貴族たちは同盟関係にあった日本に亡命して来ていた。したがって『百済記』『百済新撰』『百済本記』は、そのとき百済の王侯貴族とともに日本にもたらされていたものと思われる。

前述の神功皇后紀に引用された新羅王の言は、これら百済系の史書に採択され、『日本書紀』神功皇后紀に引用されたものと思われる。『日本書紀』は本文として新羅王の言を記していて出典には触れていないが、史体から判断して、編年体風の『百済新撰』や月次・日次を明記する『百済本記』ではなく、物語風の『百済記』が出典であったように思われる。

『日本書紀』本文が「これらの逸史の文をほとんどそのまま採録している」ことは、これまでに指摘されていた（『日本書紀』日本古典文学大系本補注）ことであるが、この部分もそうであったろう。そこで、八世紀の日本人自身による他の文献や、『日本書紀』の他の巻に「神国」の記載が存在しないのであろう。『日本書紀』編者がこの新羅王の言を採録した後、『三代実録』が神国の記事を載せるまでの長きにわたって、日本人が自発的にわが国は神国であると述べたケースは存在しない。

新羅王が述べたのであって日本人の発言でないと記している『日本書紀』を信じるなら、日本人による神国論は『古事記』『日本書紀』『風土記』『万葉集』などの段階では発生しなかったと思われる。それが発生していたなら、あれほど「わが国は言霊のさきわう国」と強調した『万葉集』がそういう思想を詠んだ歌を載せないはずがないと思うからである。

平安時代になって新羅が博多湾に侵入し、それが一変する。新羅船が筑前国那珂郡を侵した貞観一一年（八六九）になると、日本人自身による神国の言説が登場する。この場合も、実は、わが国は神国であると唱えたものではない。

この事件を記録した『三代実録』貞観一一年一二月条によると、神功皇后紀所載新羅王の言をふまえ、先方には日本を「所謂神国」と恐れ来たった来歴があるのに今回なぜ攻撃してきたのであろうかと述べていて、この時点でも神功皇后紀の新羅王の言にみる神国論を日本人自身の着想とはみていず、半島に発生した論とみているのである。

当時、半島では、『三国史記』や『三国遺事』をもとに類推してみるに、「神祠」といえば神をまつる祠堂であり、伝説上の人物・桓雄天王が大白山に降臨し設けたという都市は「神市」と呼ばれていることから、日本の神々のような信仰対象があったものと思われる。日本の神奈備山や神社に似た信仰対象が半島にも存在し「神国」「神兵」の語が飛び出したのであろう。

ただし、新羅王がそういう言葉を現実に発したかどうかというと定かではなく、むしろ新羅と対立していた百済の世相を反映し、日本におびえる新羅王像が百済で偽作された可能性はある。しかし『日本書紀』垂仁天皇紀に「意富加羅国」(『三国遺事』では「大伽耶」とある）の王子の言として「伝に日本国に聖皇有すと聞く」とあり、また新羅の王子の言として「日本国に聖皇有すと聞く」とあるところからいえば、東方海上かなたに、そういう聖なる国がイメージされていた可能性がある。

とくに後者の場合、新羅の王子「天日槍」が言ったとあり、半島の百済ばかりでなく、加羅や新羅にも、そのような思想があった公算が高い。そのような聖なる国を日本とみるのは『日本書紀』編者の加筆であったかもしれない。奈良時代の日本と新羅との関係は、文化的な交流を深めていた。ところが、平安初期の新羅船の侵入は、突然の脅威であった。

『三代実録』によると、伊勢神宮への祈りが捧げられた。その告文に「我朝を神国と畏怖れ来れる故実」が先方にあるのにどうして日本を攻めて来たのだろうと疑問視している。しかも「然るに我が日本朝は、所謂、神明之国なり。神明の助け護りたまはば、いづくの兵寇か近づき来たるべき」とあって「所謂」の二字を付して「神明之国」なのである。これは『日本書紀』の新羅王の言をふまえての

「所謂」である。つまり、朝鮮半島において「畏怖」されているところの「所謂」神明の国であった。間接的表現ながら、日本人の口から発せられた現存最古の神国論である。

これ以後『春記』長暦四年（一〇四〇）八月条の「此の国は神国なり。本より厳戒せず。ただ神助を憑むによるなり」とする記事(2)、藤原伊通の『大槐秘抄』の「日本をば神国と申して、高麗のみならず、隣国の、みなおぢて思ひよらず候」という記事(3)、『平家物語』巻五の「それ我朝は神国なり。宗廟あひならんで神徳これあらたなり」とする記事(4)、文治二年（一一八六）の『東大寺衆徒参詣伊勢太神宮記』の「夫れ我が大日本国は神明擁護の国なり」という記事(5)などにみられる神国論を検討してみると、平安初期から鎌倉初期にいたるまで、そこにみられる神国の観念は、『日本書紀』における新羅王が我が国の兵を神国の兵にちがいないと恐れたという言説をふまえ、わが国はいわゆる神明の擁護する国なので近隣諸国は恐れている、とする考えで終始している。

いま少し、この間の史料をあげるならば『宇多天皇宸記』仁和四年（八八八）一〇月条(6)、『権記』長保二年（一〇〇〇）正月条(7)、『兵範記』仁安三年（一一六八）一〇月条(8)、『吾妻鏡』寿永三年（一一八四）二月条(9)などにおいて、わが国は神国であるから、神を敬わなければならない、あるいは、神国だから恒例の神事を懈怠なくつとめなければならない、と説くものが多い。『保元物語』の将軍塚鳴動の段になると「我朝はこれ神国なり。みもすそ河のながれ、恭なくもましますと上、七十四代の天津日嗣たゆることとなし(10)」とあるごとく、わが国は神国なので皇統が絶えることなく続くと説かれるようになっている。

このように、平安初期から鎌倉初期までの神国の概念は、近隣諸国での東方海上かなたを神聖視する考えを日本を畏怖するものと想定し、おそれているから諸外国は攻めてこないのであって、だから厳戒はいらないのであり、神を敬い、神事を重んじよと説くものであった。

三、神国論の限界

前節で述べたように鎌倉初期までの神国論は、わが国は神国だから諸外国は攻めてこないという希望的観測を前提にしたものであって、したがって、朝廷が興亡の危機に瀕した場合、この考えは試錬を迎える。

承久三年（一二二一）、後鳥羽上皇を中心として討幕の兵をあげた朝廷方公卿・武士は、北条政子・義時を中心に団結した幕府方に大敗し、幕府は、承久の三上皇〈後鳥羽・順徳・土御門の三上皇〉配流という処置をくだした。

この承久の三上皇配流事件は、当時の人びとに次のように感ぜられた。「我国もとより神国也……何によりてか三帝一時に遠流の恥ある」（『六代勝事記』貞応二年〈一二二三〉の条）、すなわち、わが国は神国なのに、なぜ神々は、三帝一時に配流されるというような恥ずかしい思いをいだかしめられたのであろうか、神々は帝王を擁護されないのであろうか、と考えたわけである。

『吾妻鏡』承久三年閏一〇月、土御門上皇が七月の二上皇配流のあとを追って配流された時点であるが、「天照大御神は豊秋津州の本主、皇帝の祖宗なり。而るに八十五代の今に至りて、何の故に、百皇鎮護の誓を改め、三帝両親王に配流の恥辱を懐かしめたまふや。もっともあやしむべし」と記されていて、未曾有の三上皇配流事件によって、神々は皇統を擁護されるという誓いをあらためられたのであろうか、と疑問を持ったのである。そのような世相のなかで、この状況をもっともよく説明する考えとして当時の人びとに受容された思想が、流行しつつあった末法思想であった。

これは、釈迦没後の世の中を、正法・像法・末法の三つの時代に区分し、正法の時代とは教・行・証、つまり釈迦の教説と、その実践と、その行による結果がそなわった時代であって、像法とは教と行のみ、末法とは教のみ、そして、さらに時代が経過するとすべて消滅する法滅期にはいると説くものであった。

この正・像・末三法の推移について、当時の慈円は『愚管抄』に「保元以後ノコトハ、ミナ乱世ニテ侍レバ、ワロキ事ニテノミアランズルヲハバカリテ、人モ申シオカヌニヤト、オロカニオボエテ、ヒトスヂニ世ノウツリカハリ、オトロヘタルコトハリヒトスヂヲ申サバヤ」と思い、この本を著したと述べている。

四、神国論の変容

『愚管抄』は、仏説における末法化の過程と、保元の乱後における武家勢力中心化にともなう公家勢力軽視化の過程を、二重写しにして歴史の推移を説こうとしたものであった。このような説得力ある主張の展開を背景にしつつ、末法思想は、承久の三上皇配流事件を契機に、より現実的な広がりとなっていったこと、想像にかたくない。

末法思想が思想的に深い影響をおよぼしていた矢先、蒙古襲来、すなわち文永の役が勃発したのである。文永一一年（一二七四）一〇月五日に蒙古・高麗の軍が対馬に襲来したという急報が、現地より鎮西奉行に伝えられると、鎮西奉行はそれを鎌倉に急報している。『勘仲記』の同年一〇月一八日の条によると、「鎮西の使者、すでに関東に下向す」とあって、筆者（勘解由小路兼仲）の居住する京都の六波羅探題に通達のうえ、その使者は鎌倉に向かっていたことが知られる。

『勘仲記』同年一〇月二二日の条によると「去る十三日、対馬島に於いて筑紫少卿の代官、凶賊と合戦すと云々……我朝は神国なり。定めて宗廟の御冥助あるか」と述べていて、わが国は神国なので天照大神の目に見えない加護があるであろうと推断している。

文永の役に先立ってもたらされた蒙古の国書、すなわち蒙古によって服属か戦いかの二者択一を迫られたとわが国で解した国書に対し、返書が朝廷側で準備された。幕府の考えから実際には不発信に終わったが、その文案を記した菅原長成は「凡そ天照皇太神、天統を耀し給ひてより、日本の今の皇帝日嗣を受け給ふに至る」まで、この国は神々による国家鎮護の秩序が整然とした国であって「故に、皇土を以て、永く神国と号す」（『贈蒙古国中書省牒』）と記している。神国と号する理由は、神々による国家と皇統の鎮護が約束されているからだという判断であった。

文永の役が終わると、その報謝として、伊勢以下十六社への奉幣使が派遣されている。やがて、次の襲来に備えての異国調伏の祈禱が、山陵ならびに伊勢以下二十二社において行われる。

弘安四年（一二八一）の襲来が終わると、文永・弘安の両役が神明の加護によって終結したと信じられるようになり、とくに伊勢神宮の摂社「風社」に対し、社号を宮号に改めて「風宮」となし、官幣の列に加えられることとなった。これは、敵の敗走が、いわゆる「神風」によるものと信じられたためで、いよいよ、わが国は神明の加護する国だと説かれるようになる。

この蒙古襲来の朝野をあげての異国調伏の祈禱の過程において、神国論が変容する。『壬生官務日記』の弘安四年閏七月一一日の条に、異国の船が「大風」にあって「漂没」したのは、異国降伏の祈禱が宗廟に聞きいれられた結果「神力」が出されたためと記したのち「末代と雖も、猶、感涙抑へ難き事也」とあって、この世は末代であるが日本は神の国なので例外だとする考えが生まれている。『勘仲記』同年閏七月一四日の条にも「大風」による敵船の「漂没」を伝えて「天下の大慶」と称え「末代と雖も、猶、止むごと無きなり。いよいよ神明・仏陀を尊崇すべきもの」と述べている。

異国調伏の祈禱の過程が進行するとともに、その効験と考えられた実体験、すなわち神明の加護によって敵の敗走や大風が実現したと信じられるという体験の加算に基づいて、神国論は新しい展開に向かったと考える。末代であるのにこの国は例外であって神仏の加護があると説くものであった。

このように、蒙古襲来の異国調伏の祈禱とその効験が現れたと人びとに信じられた状況の展開の過程で、末代観の克服化が進み、それと比例して神国観の実感化が展開した。

つまり、従来の神国論では、承久の三上皇配流を契機としてすでにささえきれない状況にあった。末法説流布過程で神国論の空文化が進み、三上皇配流事件で空文化は極限状態に達したが、その後、蒙古襲来を契機とする神々への祈禱と、その効験と信じられた実体験とによって神国論は再浮上していく。その再浮上過程で登場するのが北畠親房であった。

親房は『神皇正統記』蒙古襲来の段に、「辛巳ノ年（弘安四年ナリ）蒙古ノ軍、オホク船ソロヘテ我国ヲオカス。筑紫ニテ大ニ合戦アリ。神明、威ヲアラハシ、形ヲ現ジテ防ガレケリ。大風ニハカニオコリテ数十万艘ノ賊船、ミナ漂倒破滅シヌ。末世トイヘドモ神明ノ威徳不可思議ナリ」と述べている。末世であっても神明の不可思議な加護があるとして神国を強調するのも、蒙古襲来の克服という実体験の加算が基礎にあってのことであった。そこで同書は、現世について「代下レリトテ、自ラ賤ムベカラズ。天地ノ初ハ今日ヲ始トスル理アリ」と説く。代がくだったとして現世をいやしむべきでなく、今日を始めとすべきであるとするのである。

そのような書であることから、同書は「大日本ハ神国也」という言説で起筆する。それとともに、神の国であるとする理由付けを、冒頭で行っている。同書に記して「天祖ハジメテ基ヲヒラキ、日神ナガタ統ヲ伝へ給フ。我国ノミ此事アリ。異朝ニハ其タグヒナシ。此故ニ神国ト云フ也」というのである。つまり、皇統の不変の継続がわが国において実現していることこそが、わが国が神の国として守られている証拠だという論へと展開していったのである。

五、おわりに

以上、「わが国は神の国である」とする論は、どのように発生し、どのように推移していったかを考察してきた。その結果、現世を悲観的に見る末法説に支配されていた中世思想が、蒙古襲来の克服という実体験を契機として、今をいやしむべきでなく、今日を始めとしようという現世肯定的な思想へと展開していった、ということのアウトラインを描き出すことができたと思われる。

注

（1）山田孝雄『神皇正統記述義』（民友社、一九三二年）七五八頁。

（2）『春記』長暦四年（一〇四〇）八月二三日の条に「此国者是神国也。本自不㆓厳戒㆒只依憑㆓一神助㆒也」と記されている。

（3）『大槐秘抄』に「日本をば神国と申て、高麗のみにあらず隣国のみなおぢて思ひよらず候也」と記されている。

（4）『平家物語』巻五、福原院宮の条に「夫我朝は神国也。宗廟あひならんで神徳是あらたなり」と記されている。

（5）『東大寺衆徒参詣伊勢太神宮記』文治二年（一一八六〉四月の条に「夫我大日本国者、神明擁護之国也。和光影惟新、仏法流布之境也」と記されている。

（6）『宇多天皇宸記』仁和四年（八八八）一〇月一九日の条に「我国者神国也。毎朝敬㆓拝四方大中小天神地祇㆒」と記されている。

（7）『権記』長保二年（一〇〇〇）正月二八日の条に「我朝神国也。以㆓神事㆒可㆑為㆑先」と記されている。

（8）『兵範記』仁安三年（一一六八）一〇月二九日の条に「本朝者神国也。国之大事、莫㆑過㆓祭祀㆒」と記されている。

（9）『吾妻鏡』寿永三年（一一八四）二月二五日の条に「我朝者神国也。……恒例神事守㆓式目㆒、無㆓懈怠㆒可㆑令㆓勤行㆒」と記されている。

（10）『保元物語』上、将軍塚鳴動の段に「我朝はこれ神国なり、みもすそ河のながれ忝もましまます上、七十四代の天津日嗣たゆることとなし。昔崇神天皇の御時、天津社、国津社を定をき給ひしより以来、神わざことしげくして、国のいとなみただ此事のみなり。是をおもへば夜の守、昼の守、なじかはをこたり給べき。……神明も我国をまぼり、三宝もいかでか捨てさせ給ふべき」と記されている。

第二節　神国論の展開

一、はじめに

平成一八年は、神国論を単独の研究課題とする書として、次の二書を得た。佐藤弘夫氏『神国日本』(筑摩書房)が、四月に刊行され、五月に鍛代敏雄氏『神国論の系譜』(法蔵館)が出された。

佐藤氏は前掲書「引用・参考文献」の項において「全体に関わるもの」として拙稿「神国論形成に関する一考察」(『王権と神祇』思文閣出版、平成一四、本書再録)をあげられ、鍛代氏は前掲書「主要参考文献一覧」の項において、上記拙稿が収録されている今谷明編『王権と神祇』をあげられている。同書で神国論を取り上げたのは、拙稿「神国論形成に関する一考察」のみであるので、お二人とも拙稿を参考にしてくださったこととなる。

その年末、鍛代氏の母校・國學院大學で行われた神道宗教学会大会シンポジウムにおいて、その基調講演は、鍛代敏雄氏「神国論の系譜」であった。そのコメンテーターとして安蘇谷正彦氏、三橋健氏とともに私が選ばれた。安蘇谷氏は、前掲の鍛代氏「主要参考文献一覧」に、その著『神道思想の形成』（ぺりかん社、昭和六〇）があげられている人であり、三橋氏は、鍛代氏「主要参考文献一覧」に、その論文「度会常昌と夢窓疎石との邂逅」（『日本思想史』六四、平成一五）があげられている人である。

基調講演に先立って、鍛代氏から主催者を通じ、私のもとへ講演レジュメが送られてきた。読了後、事前にレジュメを送ってくださった鍛代氏への感謝の気持ちから「講演レジュメ拝見段階でのコメント」というレジュメを作成し、氏に事前に見ていただけるよう、主催者に願い出た。ほかのコメンテーターのかたがたも事前にお目通しくださって、シンポジウム前の打ち合わせの際、三人で六〇分の持ち時間のうち、トップでコメントするわたしに少し多い目の時間をくださるという配慮を賜り、このシンポジウムを終えた。

当日は、講演のコメントに行ったのであって、自説を述べにいったわけではなく、また私の関心も、前掲「神国論形成に関する一考察」（『王権と神祇』所収）や後述の「神国思想の発生」にみられるとおり、これまで神国論形成の問題に重点を置いてきた。そこで、神国論の展開という部分へと論を進め、これまでの研究の現状をふまえつつ、いくつかの問題について若干の考察をしてみようというのが、本稿である。

二、神国言説の収集

「神国」論について、従来、研究の多くは、明治三〇年刊『古事類苑』神祇部の「神国」の項に

「神国」の出典として挙げられた諸文献を、直接、もしくは間接的に参考にしてきた。

山田孝雄氏『神皇正統記述義』（昭和七）は、田村圓澄氏「神国思想の系譜」（『史淵』七六、昭和三四）や拙稿「神国思想の発生」[1]（『海外視点・日本の歴史6』、ぎょうせい、昭和六一）に影響を与えた作品であるが、同書に「わが国を神国たりとする思想は日本紀に見え、降りては貞観十一年（八六九）に伊勢大神宮石清水八幡宮の二神宮に献られし告文にも見え、又長元四年（一〇三一）八月の宣命にも見え、その他、大神宮諸雑事記、東大寺要録、平戸記、玉葉、玉蘂、吾妻鏡、平家物語等にも見えたれば、新しきことにはあらず」[2]と記されている。同書注釈対象としての『神皇正統記』以前における神国論の存在を指摘されたものである。

ただし『玉葉』以外は『古事類苑』神祇部所載史料であった。

『古事類苑』神祇部があげた「神国」の語がみられる史料は『日本書紀』『大神宮諸雑事記』『源平盛衰記』（二十九）『東大寺要録』『三代実録』『小右記』『保元物語』『源平盛衰記』（一・六）『吾妻鏡』『撰集抄』『続後撰和歌集』『玉蘂』『風雅和歌集』『平戸記』『本朝文集』『神皇正統記』（神代・応神天皇）『太平記』『新拾遺和歌集』『樵談治要』の二一点（ほかに「重神事」の条に「神国」の語がみられる史料として『職原抄』『年中行事秘抄』『権記』『朝野群載』の四点が引かれている）である。

そのうち、山田氏は「わが国を神国たりとする思想」という範疇を設定し、そこには和歌史料を「思想」のニュアンスになじまないと考えられたためか『古事類苑』神祇部所載の『続後撰和歌集』巻九所収土御門院「神の国」の歌と『風雅和歌集』巻一九所収慈鎮「神のみ国」の歌には言及されなかった。

その結果、以後「神国」の言説が発せられたとみる史料を挙げる際、和歌史料をまったく採用しないという不思議な状況が起きてしまった。

つまり、所載文献における文体が漢文体であれば、漢語としての「神」「国」二語の熟語で記載されるが、和歌であれば、やまと言葉で詠じられるため「神のみ国」(『風雅和歌集』)や「神の国」(『続後撰和歌集』)という形をとるという当然の事実に、目を伏せる結果となった。

中世の軍記物や随筆、史論、説話などは漢字仮名混じり文で書かれるため、作者の性格によって「神国」という漢語の熟語で記すケースと、和歌に慣れ親しんだりしていて「神のみ国」と記すという両ケースが発生する。

上記、鍛代氏前掲書所引文献でいえば『太平記』『善隣国宝記』『神皇正統記』などは「神国」を用いており、鴨長明の『発心集』は「神の御国」を用いている。鍛代氏は『古事類苑』神祇部をみられていないようで、上記『古事類苑』所引の『続後撰和歌集』所収土御門院「神の国」の歌、および『風雅和歌集』所収慈鎮「神のみ国」の歌を引かないという山田氏前掲書の傾向を、おそらく田村圓澄氏論文経由で引き継がれている。

そういうなか、鍛代氏はやまと言葉表記の史料として、鴨長明『発心集』における「神の御国」の記載を引かれている。それは鍛代氏前掲書三七ページである。

同書刊行後に行われた前記シンポジウムにおいても、氏が作成し配布された資料内に、やまと言葉表記のものとして採択されたのは、鍛代氏前掲書と同じく『発心集』のみであった。

前掲の和歌史料、つまり「神の国」「神のみ国」の史料は、神国の言説であると私はみる。そればかりではなく、詳しくは後述するが、清水潔氏が「上代における毎朝御拝の伝統と神国思想」(『神道史研究』四四—二、平成八)の中で指摘された、天長七年(八九〇)の『大乗法相起神章』(『大日本仏教全書』80所収)巻三における「神洲」とする史料や、同じく清水氏による『万葉集』における天平勝宝四年(七五二)閏三月、孝謙天皇より遣唐大使藤原清河に与えられた御製歌にみられる「大和の国は大神の鎮むる国」という記載(四二六四番歌)や、山上憶良の「好去好来歌」にみられる「皇神の厳しき国」という記載(八九四番歌)も神国論の史料とすべきだとする説をご存じなかったのではないか。つまり「神洲」「神国」「神の御国」「神の国」「大神の鎮むる国」「皇神の厳しき国」というようなさまざまな表記が神国論の史料として存在するわけであって、『古事類苑』によって開始された「神国」に関する史料収集(『古事類苑』にも引かれているが『三代実録』には「神明の国」という表記もみられる)の途上に、今はあるとみてよいのである。

三、国学における神国論

前節で述べた通り「神国」に関する史料収集は『古事類苑』により開始された。同書は『日本書紀』『大神宮諸雑事記』『源平盛衰記』(二九)『東大寺要録』『三代実録』『小右記』『保元物語』『源平盛衰記』(一・六)『吾妻鏡』『撰集抄』『続後撰和歌集』『玉蘂』『風雅和歌集』『平戸記』『本朝文集』『神皇正統記』(神代・応神天皇)『太平記』『新拾遺和歌集』『樵談治要』『職原抄』『年中行事秘抄』『権記』『朝野群載』の二五点を引用した。これを早くから承知していた人物として小中村清矩があげられる。小中村清矩は、本居大平の娘婿・内遠の門下で、内遠の推挙により和歌山藩校教授となり、ついで昌平坂学問所教授をへて東京大学教授となった。明治政府における大嘗祭や神葬祭など神祇制度の調査研究とかかわり、皇典講究所が『古事類苑』編纂を行っていたころには、その編纂主任であった。同書出版前に没しているが、その原稿を利用できる立場にあった。その立場で書いたと思われるのが「神国の称」（『陽春盧雑考』所収）である。

これは、のちに平泉澄氏「中世における国体観念の発達」（『岩波講座・日本歴史』所収）に紹介され、ついで、平田俊春氏『神皇正統記の基礎的研究』（雄山閣出版）に、再紹介されている。

『古事類苑』そのものは一種の百科事典であり、各項目について、幕末までの諸史料を引用するという形をとっている。明治一二年（一八七九）文部省が編纂を開始し、東京学士院にその事業が移され、ついで皇典講究所に移された。しかし、その編纂事業は遅延し、完成が危ぶまれたが、鹿島則文という伊勢の神宮宮司がそれを救った。その編纂に当たっていたメンバーを神宮司庁に移籍させ、その事業を引き継ぎ完成に導いたのである。

鹿島則文は、旧官幣大社・鹿島神宮の社家の生まれで、幕末には、倒幕に関った人物に関係したという容疑から、八丈島流しになっていた。明治の大赦で鹿島神宮に戻り、ついで抜擢を受けて神宮宮司となった。

この人物も『古事類苑』完成前の明治三一年（一八九八）、内宮炎上の責任をとって宮司を辞している。その後、明治三四年（一九〇一）その完成を見ることなく没している。

『古事類苑』は、天部、歳時部、地部、神祇部、帝王部、官位部、封禄部、政治部、法律部、泉貨

部、称量部、外交部、兵事部、武技部、方技部、宗教部、文学部、礼式部、楽舞部、人部、姓名部、産業部、服飾部、飲食部、居処部、器用部、遊戯部、動物部、植物部、金石部の三〇部によって構成されている。

内容は、六国史以降、幕末までの文献を引用しつつ、史料をして各項目の概要を語らしめるという形の百科事典である。

皇典講究所に編纂が移されたのが明治二三年（一八九〇）であり、明治二八年（一八九五）蔵書家でもあった前述の鹿島則文がその事業を神宮司庁に移し、皇典講究所以来のスタッフをして編纂の実務に当たらせたが、そのスタッフはほぼ国学者たちであった。このような日本の百科事典出発期の同書が、まず「神国」の言説収集を行っていた。その草稿を利用しつつ小中村清矩が執筆したのが、前述の「神国の称」であった。

小中村清矩をはじめとする国学者たちが携わっていた『古事類苑』編纂事業において「神国」という項目が立てられたのには、幕末・維新期にみられた国学者たちによる「神国」「神州」の語の使用と関係するとみられる。

もと僧籍にあった国学者である伴林光平は、国学を学んだことから還俗を決意し「本是れ神州清潔の民」（『南山踏雲録』）と称しているが、単に「神州」の言説がここにみられるというだけでなく、わが国が「神州」であるという理由について「清潔の民」だからだという立場をとっている。

これはのちの芳賀矢一氏『国民性十論』で登場する国民性論にもつながる言説であって、明治期日本人が「神州の民」として「清潔」であろうと心がけたことも「本是れ神州清潔の民」という言説の影響下に展開した国民性であったからであろう。そういった日本人にみられる国民性に着目した魯迅が中国国民性改造のための文学を志したが、当時の「神州清潔の民」という言説の思想下にあった日本人に感銘しての行動とも取れる。

ラフカディオ・ハーン『神国日本』も、日本の風習、伝統、文化を含めて日本を「神国」と呼ぶ論であって、単に日本には神が列島を産んだという神話があるから神国だというような言説が発せられたのではなく、現実に接した日本人への感銘もからんで「神国日本」と主情的に発せられたものであった。

河野省三氏による国民性に関する言説（「一面に清潔と淡泊とを愛し、他面には神々しさと奥ゆかしさとを好む所の国民性」『神道と国民生活』昭和一八）も、芳賀氏を継承する意味での「神州清潔の民」思想下のものである。

江戸時代までさかのぼるとすると、神国や神州の表現を用いていて、それでいてあまり紹介されていないのが、本居宣長の場合である。

宣長は漢学学習の京都遊学時代、つまり春庵時代の宝暦年間、清水吉太郎宛て返信草稿（『本居全集第一七巻』書簡集番号一〇）および某宛書簡草稿（書簡集番号一一）において、あなたが「和歌など軟弱なものにうつつをぬかすな。聖人の道に専念せよ」と進言してくれるが「足下、将に聖人の書を読みて道を明らかにし、而うして後に禽獣為るを免れんとするか。亦、迂なるかな。知らず、異国人は其れ然るか。吾が神州は則ち然らず」と反発している。そして自分の孔子学習の理由は、朱子に発祥する「修身・斉家・治国・平天下」的要因からではなく、儒教渡来以前の原始期に日本人は「身を修」めていたではないか、「治国」もなされていたではないかと力説している（書簡集番号一〇）。

また「不佞、不肖と雖も、幸ひに此の神州に生まれ」（書簡集番号一〇）と語り、また「僕、不肖と雖も、幸ひに斯の神州に生」（書簡集番号一一）まれ「足下も亦た大日霊《（ママ）》貴の寵愛に依りて、斯の神州に生まれし人為り」とし、君も日本人ではないかとして「化外の人に非ざる也」つまり外国人ではなく「則ち又当に自然の神道を奉じ、和歌を好みて、之れを楽しむべき也」（同書簡）、つまり、儒教ではなく神道を根本にしつつ、和歌も楽しみながら、儒学を学ぼうではないかと、逆提案するのである。互いに儒学を学んでいるが、われわれは底に神道を奉じる日本人という血が流れているではないかという趣旨をこめ「斯の神州に生まれし人為り」と断じるのであった。日本人としての誇りを「斯の神州に生まれし人」という点から説き、古典にみる太陽神と現実の太陽の恵みを混成させて太陽神の「寵愛」という言説を用いたのであった。

なお、宣長神州論については、契沖が『万葉代匠記』で『万葉集』を研究し日本は「神国」だという論に達していることから契沖神国論の方が先行しているので、宣長神州論はその影響下に発生したのかもしれないが、その点は保留する。宣長神州論の特色は、当時、流布していた修身斉家治国平天下的言説（その説は朱子が儒教に付着させた尾ひれであって、儒教本来の孔子そのものの主張ではない）を「神州」において不要と見、神道の存在により上古日本人は「修身」もできていたとし、さらに「治国」もできていたのであって、儒教を学んで「修身」に到達し国が治まったのではないとした点にある。

これは、本居宣長の実態を横でみていた同輩・清水吉太郎が、和歌なんかにうつつをぬかさず聖人の道に専念したらどうかといってきたのに対し、漢学学習時代の宣長が返信（現存のものは宣長自身による控え）したなかにみられる言説である。賀茂真淵との松坂の一夜で宣長が国学に転じたというようなものではなく、漢学を医学の基礎学として学んでいた青春時代から「神州においてはさにあらず」とみていたのであって、宣長の国学は、幕府公認の儒学である朱子学を眼前にしつつ「神州においてはさにあらず」と信じた不屈の精神を基礎に発祥したものであった。本居宣長の国学は荷田春満『創倭学校啓』における「古語に通ぜざれば、則ち古義明かならず、古義明かならざれば、則ち古学復せず」や賀茂真淵『にひまなび』における「先づ、いにしへの歌を学びて、いにしへの風の歌をよみ、次に、いにしへの文を学びて古風の文をつらね、次に古事記をよくよみ、次に日本紀をよくよみ、古事古言の残れるをとり、皇朝のいにしへを尽くして後に神代の道をばうかがひつくし、さてこそ天地に合《かな》ひて御代を治めませしいにしへの神皇の道をも知得べきなり」というような方法論を中心としていた前期国学の延長線のまま本居宣長が師説を述べて作らず、祖述するだけというような姿勢ではなかったのである。賀茂真淵との出会い以前からの独自性のあるものだったのであって、もしも本居宣長が師説にこだわっていたのであれば、国学は前期国学から発展をとげることなく終わったのであって、国学は単なる方法論ではなく、本居宣長において燃え上がった神州精神の燃焼が根底にあったと見る。だからこそ、後世、王政復古論推進基盤の重要な一部となりえたのではなかろうか。

四、神国言説の分析

私は『職原鈔の基礎的研究』（臨川書店、昭和五五）執筆のころ『職原鈔』を書写している一条兼良・清原宣賢・清原秀賢らの言説から、彼らの神国論が『職原鈔』における「神国之風儀」により太政官の上に神祇官を置いているという論から出ていて『善隣国宝記』など『神皇正統記』影響下の神国論とは異なる言説があると気付いた。

また、冒頭でふれた山田孝雄『神皇正統記述義』に指摘された諸書に丹念にあたった田村圓澄論文（「神国思想の系譜」、前掲）の存在を知った。その後、田村論文をふまえた高橋美由紀氏「中世的神国思想の一側面」（『伊勢神道の成立と展開』大明社、平成六、初出は昭和六〇年の『東北福祉大学紀要』所収）や、拙稿「神国思想の発生」『海外視点・日本の歴史6』（ぎょうせい、昭和六一）が出ることとなる。その後、私は「神国論形成に関する一考察」『王権と神祇』（思文閣出版、平成一四）のなかで、まだ思想ともいえない段階での神国の言説も含む考察であるため田村氏や高橋氏のような「神国思想」の用語は使用せず「神国論」という語を用いることとした。その間、岡田莊司氏「律令祭祀と神国意識」（『平安時代の国家と祭祀』続群書類従完成会、平成六所収）は、『三代実録』の貞観一一年（八六九）一二月条、清和天皇の伊勢大神宮への告文にみられる「所謂神明の国」「神国」などの史料について「神国意識」と表現されている。『三代実録』の記載は『日本書紀』新羅王の言をふまえ「いわゆる神明の国」つまり海外からそういわれているということの確認作業であった。新羅による博多湾岸侵略事件発生は理解に苦しむという意味であり、それまで神国意識はなかったが、このころ神国意識にめざめたかのような書き振りがそこにみられる。しかし、これはそれ以前に、後述の清水潔氏の指摘のごとく『万葉集』にはやく神国のめざめをみることができるのであって、この時点での一つの神国の再確認的言説が半島の言説を踏まえつつなされたものにすぎないのであった。『万葉集』の場合も遣唐使派遣という対外関係のなかで発せられる言説ながら、素朴な神国意識である。このように、この言説が後の神国論にみられるような確信にみちた言説でなく素朴な段階にとどまっている理由は、日本神話しか知らないこの国の人にとっては国生みというようなしわざは世界中どの国も神わざとみていたからに違いなく、わが国の国生みだけを神わざとは考えていなかったためであって、わが国のみならず新羅でも新羅の国土は新羅の神が生み、百済の国は百済の神が生んだと素朴に思っていたはずである。新羅による博多湾岸侵略事件が発生したため渡来人の百済出身者などより事情聴取し、彼らの国における国生みは神わざだとする神話がないことを知ってはじめて、彼らにとって東方海上（これはかつて拙稿「神国思想の発生」『海外視点・日本の歴史6』で述べた通り、半島における東方海上かなたにあると彼ら自身が想像していた国を神の国とみなし、わが国の兵の攻めっぷりをみて、きっとその国の兵が攻めてきたのではないかとみておかしくないような神わざ的な不思議な状況だとみたことに端を発する発言であって、神国思想は半島神話であって日本にはなかった。わが国のみ神国とみる発言はその素朴なものが『万葉集』からであり、さらに本格的にわが国だけだと信じるようになるのはおそらく『三代実録』所載の貞観年間段階）に神秘化された国を想像する神話をもっていてそれを日本と見ていたはずなのに理解に苦しむという態度とみられる。当然、その際、渡来人にかれらの国に国土を神が生んだという神話がないという確認作業をしていたはずであって、比較神話してみて初めてわが国のみが神国だと意識するようになるのであり、『万葉集』段階の素朴さから進めて、『三代実録』段階の確信段階に展開したとみられる。新羅の国生みは新羅の神が生んだのではないらしい、百済の国生みは百済の神によるものではないらしいという事情確認作業を進めるだけの渡来人の人材は『新撰姓氏録』の諸蕃の条における諸外国出身者の多さをみれば充分得られたとみられる。かれらがいわゆる「神国」なのだという確認作業へと転じたのが『三代実録』所載の貞観段階なのであって、それ以後の記載はこれをふまえつつ、わが国はかの国が畏怖しているので厳戒はいらないとか、いよいよ神明へのいのりをかかしてはならないというような神国論に転じていくのであって、そのような転換期にこの貞観の博多湾岸被侵略事件をとらえてよいと考える。その意味で、岡田氏の「神国意識」という言説には工夫がみられると思われる。

なお、それらとはまた違った角度から出された神国思想は領主制に基づくものであるとした黒田俊雄氏『日本中世の国家と宗教』（岩波書店、昭和五〇）のようなユニークな論もあった。また上記高橋氏は近年の佐藤弘夫氏ら編『概説日本思想史』（ミネルヴァ書房、平成一七）のなかで前説を補足し「神国思想は、それが政治的軍事的な契機によるものであれ文化的契機によるものであれ、巨大文明圏の辺境に位置するこの国の地政学的な状況と深く関わっていた。常に大文明の圧力にさらされる中で、自らのアイデンティティーを保持し続けなければならなかったこの国の置かれていた歴史的文化的状況の所産なのである」と述べられている。

ところで従来は『日本書紀』神功皇后紀所引「新羅王曰」内の「神国」以後、平安時代の貞観年間まで「神国」論はない、としてきた。ところが、清水潔氏「上代における毎朝御拝の伝統と神国思想」（『神道史研究』四四―二、平成八）は、岡田莊司氏「律令祭祀と神国意識」（『平安時代の国家と祭祀』）における「唐に倣って律令国家を確立していくためには、唐文化の摂取が最優先され、宮廷内に神国思想は育つことなく、むしろ神祇の中央集権化に向かっていた」という説に対し「制度的側面に重きをおいた見方で、やや性急に過ぎるのではあるまいか」と批判するなかで、毎朝御拝の伝統と神国思想との関係や日本紀講書の影響を説かれている。史料的にも珍しい『三代実録』貞観一一年（八六九）より三九年前、天長七年（八三〇）の『大乗法相起神章』（『大日本仏教全書』80所収）巻三所載の「神洲」とする言説をあげられており、また『万葉集』の天平勝宝四年（七五二）閏三月の孝謙天皇の遣唐大使・藤原清河に賜う御製にみられる「大和の国は大神の鎮む国ぞ」（四二六四番歌）ほか一点は神国思想と見てよいとしている。これらは前引の『古事類苑』神祇部が漏らしたものであった。また『古事類苑』神祇部が引用を漏らしたものとして、随筆や説話史料があげられる。鍛代氏前掲書が指摘したものでいえば『発心集』における「神の御国」の記載のようなものである。こういうものが、まだ未発掘で眠っていると思われる。後述するような熱田神宮関係史料のなかにも「神国」の記載がみられる。

山田孝雄氏『神皇正統記述義』までは、史料発掘をしないまま、北畠親房こそが神国思想の本格的な始まりとされてきたわけであり、神皇正統記以前の「神国」の言説の存在を知っていた山田氏ですら、それらを「茫漠たるもの」「浅薄なるもの」（同書）と述べ、結局、北畠親房の神国論こそが「はじめて神国といふことの真意をさとる」にいたったものであるとしてきた。戦前に一世を風靡した宮地直一氏編改造文庫本『神皇正統記』（改造社、昭和四）ごろからはじまって芳賀登氏『国家概念の歴史的変遷Ⅱ・中世国家と近世国家』（雄山閣出版、昭和六二）ごろまで、神国論というと北畠親房を持ち上げる傾向の論が続いていた。そこから脱皮して二十年足らずの現段階においては、史料発掘の作業が残されていて、やっと共通の地盤として鍛代氏『神国論の系譜』と佐藤氏『神国日本』が得られたばかりであるといってよいと思われる。

平安後期から鎌倉時代にかけて末法思想や鎌倉新仏教が広がっていく過程が背後にあり、また『古事記』『日本書紀』『先代旧事本紀』『古語拾遺』などの古典が読まれなくなっていく、いわば中世暗黒時代の状況が進捗していくなかで、中世日本紀が誕生する。

中世「神国論」を理解するためには、中世日本紀の近年における研究を把握しながら考察を進めていかねばならない。中世神話をふまえることなく、中世神国論は成り立たないといって過言でない。中世には神話が変容した。『日本書紀』を単に漢字仮名混じり文に改め、中世日本紀としたというようなものではなく、尾ひれが付着し、さらに尾ひれが一人歩きしていき全く別物となる。熱田神宮関係の神国史料でいえば、スサノオノミコトが日本武尊に化現したと記されたり、薬師如来が化現したと記されたりする中世神話の背景のもとで、わが国は「神国」であるという記載が展開するのである。

前者の例としてあげられるのは『神道大系・熱田』所収高野山金剛三昧院本『熱田明神講式』(4)である。同書は「我ガ大日本国ハ、元、是レ神国也」などという記載がみられる神国史料の一つであるが、そこに「日本記ノ意ヲ案ズルニ」などとあって、いかにも『日本書紀』にもとづいて書いているかのごとく装われているが、中世日本紀に基づくものであって、そこに「素盞烏尊、日本武尊ニ化現ス」（同書七八ページ）とある。

後者の例としてあげられるのは『神道大系・熱田』所収『熱田太神宮秘密百録』[5]である。同書も「抑、日本国ヲ神国ト号シ給フ」などとある神国史料の一つであるが、そこに「日本紀第一第二」などとあり『日本書紀』に基づくか、または当時流行していた所謂『神記』に基づくかのように記されている個所があるが、そこに「日本武尊ト申ハ再生ニシテ、彼尊ハ本地、薬師如来也」（同書五四ページ）と記載されている。

こういう漢字仮名混じり文の中世日本紀が読まれる中、正史の『日本書紀』は読まれなかった。そのような状況を南北朝時代の北畠親房はその著『神皇正統記』に記して「神書ニサマザマノ異説アリ。日本紀、旧事本紀、古語拾遺等ニノセザラン事ハ、末学ノ輩ヒトヘニ信用シガタカルベシ」[6]とし、残念がっている。吉田兼倶も彼が神書と呼ぶ『日本書紀』を含む「三部本書」として『日本書紀』『古事記』『先代旧事本紀』に基づくべきと力説するが、中世日本紀と今日われわれが命名している漢字仮名混じり文で書かれた「日本紀」や「日本記」によるとする記載が中世神話として強く語りかけていた。

壇ノ浦に沈んだ宝剣を『平家物語』『さかき葉の日記』『樋河上天淵記』などは「草薙剣」の水没と見ており、スサノオノミコトに退治された大蛇が幼帝に化身して奪還すると誓ったとする中世神話が創作され、その神話のもとで、剣奪還が現実に起きたのが壇ノ浦での宝剣水没であって、そのような事態が発生したのだから、列島に未来はないと説くのが当時の通説であった。『平家物語』成立の鎌倉初期から『神皇正統記』成立までの約一世紀、それは不変であった。北畠親房が『日本書紀』を読み、水没したのは第一〇代崇神天皇の時代の模造であったということを『神皇正統記』のなかで力説し、(7)熱田神宮に実物があると報じ、三種神器は揃って実在するとし、揃って実在する以上これよりゆくさきも頼もしいではないかと説くほどであった。このように『日本書紀』が読まれないことによる弊害が発生していたのである。

わたしは、北畠親房『古今和歌集註』(『神道大系・北畠親房下』所収)の参考書と目される『顕昭古今集註』(『続々群書類従』所収)に引用されている『信西日本紀鈔』と現存『信西日本紀鈔』(國學院大學附属図書館蔵)とを比較したことがある。「顕昭古今集注の引用書に関する一考察」(『皇學館論叢』八―四、昭和五〇)である。中世日本紀研究が始まってまもないころのものであった。

二度にわたる元寇下、「神風」と信じられた天候急変により元軍は「漂没」(『勘仲記』文永一一年〈一二七四〉一〇月一八日条)した。北畠親房『神皇正統記』はこれをふまえ「大風ニワカニオコリテ数十万艘ノ賊船ミナ漂倒破滅シヌ。末世トイヘドモ神明ノ威徳不可思議ナリ。誓約ノカハラザルコトコレニテオシハカルベシ」(8)とし天照大神の天壌無窮の神勅による誓約により元寇から救われたとしている。「漂没」したとされる敵船状況の報告(上記『勘仲記』などに引用されている)や、伊勢をはじめとする諸社で行われた敵国調伏祈祷の展開をふまえ、「宗廟」(9)すなわち伊勢神宮の「冥助」発生とみなす『勘仲記』同年一〇月二二日の条などの言説の発生が、直前の神国論(文永の役直前の文永七年菅原長成の『贈蒙古国中書省牒』を中心とするもの)における希望的観測論的言説が事実だったのだという確信論的言説へと転じたとみられる。

日蓮など鎌倉新仏教も神国論を取り込み、神の加護により末法から救われるとみる仏国論も日本が神国という論があるからこそ展開したものであって、虎関師錬の『元亨釈書』における大乗仏教は日本において完成したとみる論は極端だとしても、日本的大乗仏教の根底に、神国論をさしはさまなければ成立する言説ではないとみてよいであろう。前掲の佐藤氏『神国日本』は、日本仏教史の理解に神国論を取り込んだ労作といえる。

五、おわりに

以上、述べてきたところを要約すると、つぎの通りである。

①「神洲」「神国」「神の御国」「神の国」「大神の鎮む国」「皇神の厳しき国」というようなさまざまな表記が神国論の史料として存在し、『古事類苑』によって開始された「神国」に関する史料収集の途上に、今はあるとみてよいこと。

②前期国学の延長線のまま本居宣長の国学があるのではなく、賀茂真淵との出会い以前からの独自性のあるものであり、国学は単なる方法論ではなく、本居宣長において燃え上がった神州精神の燃焼が根底にあったのではないか。だからこそ、後世、王政復古論推進基盤の一部となりえたのではなかろうかということ。

③『神道大系・熱田』所収高野山金剛三昧院本『熱田明神講式』の「我ガ大日本国ハ、元、是レ神国也」や『神道大系・熱田』所収『熱田太神宮秘密百録』の「抑、日本国ヲ神国ト号シ給フ」などは中

世日本紀によったもので、正史の『日本書紀』など読まれなかった状況下にあって、北畠親房はその著『神皇正統記』に「神書ニサマザマノ異説アリ。日本紀、旧事本紀、古語拾遺等ニノセザラン事ハ、末学ノ輩ヒトヘニ信用シガタカルベシ」と力説した。中世日本紀と今日われわれが命名している漢字仮名混じり文で書かれた「日本紀」や「日本記」によるとする記載が中世神話として強く語りかけていて、そういうなかで発生した壇ノ浦宝剣水没事件を『平家物語』『さかき葉の日記』『樋河上天淵記』などは宝剣水没を「草薙剣」水没と見、スサノオノミコトに退治された大蛇が幼帝に化身して奪還すると誓ったとする中世神話が創作され、その神話のもとで、剣奪還が現実に起きたのが壇ノ浦での宝剣水没であるとし、そのような事態が発生したのだから、列島に未来はないと説いたとみられること。

④二度の元寇下「神風」と信じられた天候急変により「漂没」したとされる敵船状況の報告や、伊勢をはじめとする諸社で行われた敵国調伏祈祷の展開をふまえ、「宗廟」すなわち伊勢神宮の「冥助」発生とみなす『勘仲記』同年一〇月二二日条などの言説が発生し、神国言説は事実だったのだという確信へと展開したということ。

注

（1）昭和六〇年九月の日本宗教学会大会で「神国思想発生に関する一考察」を発表し、その要旨がその年度末の『宗教研究』に掲載されているが、そこでの考察を中心に執筆したものである。

（2）『源平盛衰記』は『平家物語』の一異本であること、山田氏『平家物語考』（明治四四年一二月、国語調査委員会）において指摘されている事実であって、山田氏は『古事類苑』に『源平盛衰記』と書かれた個所を『平家物語』と読み替えて挙げられたとみられる。これ以外の諸書については山田氏『神皇正統記述義』における引用書目を点検してみると『玉葉』を除き『古事類苑』引用書目と全く一致する。神国の史料として『古事類苑』の方針は網羅することを目的にしたものではなく、その意味を説明するために代表的な史料の初出を中心にしつつ、比較的古い史料を主に列挙したものであって、引用されていないものも多数存在するのである。それなのに一点の例外を除いて、山田氏『神皇正統記述義』は『古事類苑』神祇部の引用と一致するのである。そうである以上、『神皇正統記述義』は『古事類苑』神祇部を参照したとみてよいと思われる。

(3) 本居宣長の医学は漢方医学であり、本草学などの中国古来の薬物学に基づいて治療する医学であった。そのような医学理解の基礎学としての漢学を、医学とともに学んでいたのであった。

(4) 成立時期については、神道大系本の同書解題によると、平治元年（一一五九）以後南北朝時代以前とされている。

(5) 成立時期は、伊藤正義氏「熱田の神秘―中世日本紀私注―」『人文研究』三一―九（昭和五五年）によると鎌倉時代にさかのぼるとされ、神道大系本同書解題はその説を容認している。

(6) 『神皇正統記』神代の条（岩波・日本古典文学大系本『神皇正統記』五一ページ）。

(7) 『神皇正統記』後鳥羽天皇の条（岩波・日本古典文学大系本『神皇正統記』一五三ページ）。

(8) 『神皇正統記』後宇多天皇の条（岩波・日本古典文学大系本『神皇正統記』一六六ページ）。

(9) 「宗廟」の語は、当時、伊勢、石清水の二所をさす場合と伊勢一所をさす場合とがあるが、ここでは文脈上、「天照大神の誓約」という意であるから、後者とみられる。

〔付記〕本稿を草するに際し本澤雅史氏の示教を得た。記して謝意を表する。

附録

一　天書の性格

一、はじめに

『本朝書籍目録』は現存する国書の目録中最もその成立が早く、建治三年（一二七七）から永仁二年（一二九四）の間（山本信哉氏「本朝書籍目録の著作年代に就て」『史学雑誌』二八―五）にできたとされている。

『天書』は同書冒頭の「神事」の部の最初にその書名が記され、「大納言藤原浜成撰」とある。従って、およそ『天書』は弘安期頃までに成立していなければ、『本朝書籍目録』はこの書をあげることができない。

さらに、この『天書』成立時期を前進せしめるのが、『釈日本紀』である。

即ち、『釈日本紀』は本書を引用し、現存の『天書』と、その引用文がほぼ一致する。

『釈日本紀』は、その著者卜部兼方の父、卜部兼文が一条実経を始めとする一条家の人々に講義をした内容を基に編纂したものである。同書述義一・二に、「大問ハ円明寺入道殿実経御間也」「摂問ハ一条摂政家経（傍書作「実経御子也」）御問也」「都督ハ雅言卿也」とあり、述義四に「左金吾仰云（傍書作「大納言実家事也」）とあり、これを、それぞれの人々の在任期間からしぼると、一条家経が摂政に就任する文永十一年（一二七四）六月二十日から、家経が摂政を離任する建治元年（一二七五）十月二十一日（『公卿補任』）の間に、兼文の講義は開催されたことが知られる。昭和七年に黒板勝美氏が記された新訂増補国史大系本『釈日本紀』「凡例」に「本書は卜部兼方が（中略）日本書紀を注釈したるものにして、父兼文が文永十一年または建治元年に前関白一条実経等に講述したる時の説に基づき（中略）編集したるもの」とあるのは、これを踏まえた記載である。従って、文永十一年乃至はその翌年の講義で『天書』は用いられたと推定され、同書成立期はそれ以前といえよう。そこで、かかる『天書』の性格は果たしていかなるものであろうか。このことについて、以下、考察してみよう。

二、天書の成立

まず、『書籍目録』の「天書十巻」という記載について検討してみよう。

『天書』は三種現存し、『書籍目録』筆者が藤原浜成撰と記した『天書』は、『釈日本紀』に引用され、『神道叢書』に翻刻され、また坂本太郎氏が「天書管見」（『日本古代史の基礎的研究上』のなかで取り上げられ、『皇学館大学紀要』第二十八輯に私がその校訂本を作成した『天書』であり（本書所収）、『書籍目録』のいう如く「十巻」本である。

さて三種の『天書』のうち、残りの二書と十巻本『天書』とを比較してみるに、十巻本『天書』は、『釈日本紀』・『諸社根元記』・『日本書紀纂疏』に「天書曰」として引用されている『纂疏』の「天書曰」は『釈紀』の「天書曰」と同一の個所で、孫引きであろう)。また出典の明記はないが、中世神道書の『神皇実録』・『麓気記』・『大和葛城宝山記』に十巻本『天書』の一部が転載されている。

かかる中世文献への引用がみられないのが残りの二種で、一つは『天書紀』と題された神代のみの十巻の書である。これはむしろ、『書籍目録』が神事の部に収め、また「十巻」と記したことを前提に、偽作した書のようである。「神事」の部だから、神代の巻の範疇におさめた如く感じられる。

しかし、十巻本『天書』は神代の巻から始まって皇極天皇の譲位までを記している。この実態は、『釈日本紀』に引用された「天書曰」が、神代の天岩屋戸の段(『釈日本紀』七)より、欽明天皇の十四年、樟木を茅渟海に得て仏像を造らしめられる一件(『釈日本紀』十三)まで及んでいる状況と合致する。即ち、『天書』は神代のみならず、少なくとも欽明天皇の条にまで及んでいたというのが、『書籍目録』と同時代の『釈紀』に引かれた際における実状なのである。

このようにして、神代の巻のみの十巻の書である『天書紀』は、神事の部でしかも十巻本だとする『書籍目録』の断片的な事実に一見合致する如くではあるが、『釈紀』を補ってみてみると『天書紀』は鎌倉時代に知られた『天書』ではないこととなる。

もう一部は、「天書巻第七、即位」と題する現存一冊の残闕本の『天書』である。

これについては、巻七の現存部分のみで判断しなければならないが、この部分と『釈紀』の「天書曰」は一致する個所がなく、またその叙述内容は『釈紀』所引「天書曰」のような編年体の史書ではない。即位の手続きを記したものである。従って、これも排除せられる。

次に、「藤原浜成撰」について検討してみよう。『書籍日録』は浜成の官職を「大納言藤原浜成」と記している。

十巻本『天書』には、冒頭の書き出しにも、巻末の書き止めなどにも、著者に関する記載がない。『書籍目録』を見て偽作されたものであれば、どこかに「藤原浜成撰」と記されていてもよいのだが、それがないのは偽作されたものではない証拠であろう。

しかも『書籍日録』にいう所の「大納言」にまで浜成が昇ったということは、実は疑わしく、参議どまりだったようである。

浜成は、贈太政大臣正一位藤原不比等の孫であり、兵部卿従三位の藤原麻呂の子であるから、大納言であってもおかしくはない。ところが、『続日本紀』によると宝亀三年（七七二）四月に任ぜられた参議が最高位であった。延暦九年（七九〇）二月の薨伝によると、群書をよく学習したとある。天応元年（七八一）の『公卿補任』では「本名浜足」とある。

『寧楽遺文』の下九三〇・九三七によると、宝亀三年（七七二）五月『歌経標式』を撰し、歌一首を作る。

ここに浜成とあり、時に参議兼刑部卿、従四位上勲四等とある。

従って、浜足から浜成への改名は宝亀三年四月の参議任官の後、五月までの間となる。

天応元年の『公卿補任』では、改名後であったので「浜成」の名で記している。しかもこの人物は、それまで「浜足」と記してきたので、同書は「もとの名は浜足」と注記を加えたのである。

天応元年（七八一）四月大宰帥となり、六月に権帥に左遷されている。延暦元年（七八二）閏正月、氷上川継の謀反があり、浜成はその妻の父であるというので、参議と侍従は解かれる。大事権帥のみもとの如しとされ、延暦九年（七九〇）二月、大宰府で薨じた。

薨伝は、裁く側の論理から、家筋のよさの故に内外両官の要職を歴任したが、実績はなく、吏民これを患うと記している。しかし、教養に関しては、ほぼ群書にわたると記している。学者ではあったが政治家ではなかったという意であろう。娘婿川継の謀反発覚により連坐規程が適用されて失脚した人物を、国家の正史で賞賛する道理はないので、政治的に無能であったという記載は、真偽不明である。

但し、前述の『歌経標式』のほか、『古今和歌集目録』にその名が記されており、『東域伝燈目録』に『唯識問答』の問は浜成だったと記されるなど、学者としては後々までも語りつがれる素質と実績があったと思われる。

しかし、この浜成と『天書』との関係については、現存の十巻本『天書』にも、また『釈日本紀』所引「天書曰」にも記されず、『書籍目録』にのみ見られる現象である。そして参議どまりの浜成を「大納言」と記すなどその伝承も不確かである。

また後述する如く、平安後期撰の『大神宮諸雑事記』との関連性を推測せしめる一文が、十巻本『天書』の中にみられるところなどから、思想史的にみれば、平安後期以降、もしくは鎌倉期になってからの書であろう。奈良時代の藤原浜成に関係づけ得る材料は乏しいといわなければならない。

三、神道書としての性格

さて、そこで本書の本文の内容から、本書の神道書的性格について考察してみよう。

本書の巻一及び巻二の前半に収められた神代の巻の叙述のなかに、そのような性格が認められる。本書の神代の巻の記載は、『日本書紀』(神代巻)を藍本として叙述が進められているが、次のような個所は『天書』として独得な、独自性のある記事である。

まず、「于時其中生一物如葦牙。独化現神人。」と記したあと、「名号国常立尊」とあるべきところを、「名曰天譲日天狭霧国譲月国狭霧尊」と記した上で「亦号国常立尊」と記している(天書巻一)。これは『先代旧事本紀』に類似個所がある。しかるに、同書は「国譲」ではなく「国禅」と記され、その次の「譲月」は「禅日」と記されている。これが、平安期の遅くとも延喜年間(九〇一~二三)を余り下らない頃に成立した『先代旧事本紀』の記載である(以下、鎌田純一氏『先代旧事本紀の研究(校本の部)』による。)。それを、このように改めたのは、『天書』以外では鎌倉時代の『神皇実録』(大神宮叢書『度会神道大成前篇』所収)があげられる。

『神皇実録』は伊勢神道書で、『度会神道大成前篇』の「解題」によると、「鎌倉時代中頃までに外宮の神道者によって書かれたもの」、久保田収氏の『中世神道の研究』によると、「文永七年(一二七〇)から建治・弘安にかけて、遅くも弘安三年(一二八〇)六月まで」の成立とされている。従って、平安期の『先代旧事本紀』よりも鎌倉期の『神皇実録』に、この『天書』の表現は近い。

但し、『神皇実録』は『天書』の「亦号国常立尊」の部分をを「亦名天御中主尊也」と改めて記している。また、天御中主神の条を『神皇実録』によってみてみると、「視二天下一而式二時候一授二諸天子一照二臨天地一之間。而以二一水之徳一利二万品之命一。」とする記載が存在する。これは『天書』に前引の「亦号国常立尊」の次に続けて、「此神人自然化而視二天下一。式二時候一授二諸天子一。照二耀宇宙之間一。以二一水徳一利二万物之命一也。」とあるのを基礎に、字句を若干変えてはいるが、ほとんど無断借用して転載したものである。

ここに文永から弘安にかけての頃に成立した『神皇実録』以前に、『天書』は成立していたこととなる。

このことは、文永十一年（一二七四）乃至はその翌年以前に『天書』は成立したと上述したことをそれほど前進せしめるものではないが、およそ文永（一二六四〜七五）頃には本書は存在していたと判断されよう。

続いて『天書』は、「国狭槌」から「櫃城姫」までの八神の誕生を記した後、「件五代八神有二名相一。未レ現二形体一。」と記している。五代は「国狭槌」と「豊香節」を二代と数え、以下六神を二神ずつ各一代と数えて、計八神を五代と数えたものである。神名の表記は異なるが、『神皇実録』も「国狭槌尊」より「惶根尊」までの八神を記した後、「件五代八柱天神光胤坐也。雖レ有二名相一。未レ現二形体一。」と記している。『天書』の前引の一文に字句を補って記したものとみられる。

次に、『天書』はこのあと天の浮橋での天瓊矛の話があって、磤馭盧島が誕生し、伊弉諾、伊弉冉二神がこの島に降りられると述べた後、「則以二天瓊矛一指二立磤馭盧島之上一。以為二国中天柱国柱一。」

と記している。

この記事は、『先代旧事本紀』の陰陽本紀における同書独自部分である。前後、『日本書紀』や『古事記』を交え用いつつ成文していく過程で、どの古典にもみられない記載である。それを『天書』が引用したのである。

そして、この部分は『麗気記』と『仙宮秘文』も引用している。

『旧事本紀』・『麗気記』・『仙宮秘文』と『天書』を比較してみると、右の『天書』引用文の「立」の字の下に『旧事本紀』と『麗気記』は「於」の字がある。

同引用文の「之」の字は、『旧事本紀』・『仙宮秘文』・『天書』共通して存するが『麗気記』にはない。また、「中」の下に『旧事本紀』と『麗気記』は「之」の字がある。「天柱国柱」は『旧事本紀』・『麗気記』・『天書』の三書とも共通してそのように記すが、『仙宮秘文』は「天之柱国之柱也」の七字で記している。

いずれも文意に大きな影響は発生していないが、『旧事本紀』がもとで、それを『天書』以下の三書が借用したものである。

従って、『天書』は『先代旧事本紀』以降の作であって、上述の「天譲日国禅日」を「天譲日国譲月」に改変したことも、『天書』作者の思索の産物であって、『旧事本紀』をもととした派生的な説と判断されよう。

次に、『天書』巻第一の「天児屋根命天之忠神也。其貌如レ日。其心如レ海。其徳如レ地。天神感二其徳一。莫レ不二来従一。天照太神極善。拝為二掌祷神一也。」という部分について検討してみよう。

この部分は、『諸社根元記』・『諸神本懐集』・『諸神記』に無断で引用されている個所である。文字の異同は、「命」について、『本懐集』が「尊」と記している。当然、誤記である。「命」の下に『本懐集』は「者」の字があって、『根元記』・『諸神記』にない。前後、「天手力男命者」とか「太玉命者」とか「石散姥命者」とあって、ここだけ「者」の字がない。前後の文の調子からいえば、『本懐集』が「者」の字を補ったとみるより、『本懐集』作者が見た『天書』には「者」の字があった如くに思われる。「貌」の下に『本懐集』・『根元記』・『諸神記』は「只」の字を記しているが、『天書』にはない。

『天書』は、このように、『本懐集』・『根元記』・『諸神記』に無断ではあるが一部引用されているのである。

『書籍目録』が本書を「神事」の部にかかげたのは、本書の巻第一にみられる神道的記事のかかる存在、及び、それに加えての『天書』と遺された書名への判断によると推定する。

『天書』の書名は、『釈紀』に「天書曰」と出典を明記して引用しているところより、原型に存したかどうかは保留されるとしても、かなり初期的な段階からつけられていたといえるであろう。勿論、『書籍目録』の著者が本書に接した時には、この書名が存在していた。

次に、「使三天鈿女命為二師巫一。頭着二蘿鬘一。身着二手繦一。足踏二覆槽一。在二於窟戸之前一。巧作二俳優一。亦令三天石散姥命鋳二造日像之鏡一。」（天書巻一）について検討してみよう。

これは『釈日本紀』（巻七）に、「天書曰」として引用されている（以下、新訂増補国史大系本による）。「●」印を左傍に付した字は、「巫」・「鬘」、それぞれ『天書』諸本が「主」・「髪」と誤写したのを『釈記』所引の『天書』が正しく伝えたものである。「女命」「戸之」は『釈紀』所引『天書』に存しない。写し漏らしたものか、なくともわかるとして省略したものか、いずれかであろう。

次に、「石散姥命者。天之治工神也。天抜戸之神子也。天照太神歳時。石散姥命。自巧盡作二明鏡日矛一。以奉二太神一。」（天書巻一）について検討してみよう。

まず「●」印の「石」は『天書』諸本に「天」とある。ここは、少し前に「天石散姥命」とフルネームで出てきたのを踏まえて、この少し後にもある如く「石散姥命」と略称したもので、『釈紀』（巻七）所引『天書』にそのようにあるのに基づいて改めた。「命」「治工」「神」「天照」「石」「命」「巧盡」は『釈紀』（巻七）所引『天書』に存在せず、「天照太神」の「太」及び「奉太神」の「太」は『釈紀』（巻七）所引『天書』に「大」とある。「歳」は『釈紀』（巻七）所引『天書』に「蔵」と誤写している。

『釈紀』の『天書』引用態度は、必ずしも厳密に引いておかねばならないという態度ではなく、文意さえ伝われば、省略できる字句は除きつつ引用しようという態度であったことが知られる。

次に、「天国玉者。天之掌玉神也。為レ人光和。其志如レ海。恵及二鳥獣一。家富財貨多。蓄レ美一。帝擢令二掌美玉一。是謂二天国玉一也。」（天書巻一）について検討してみよう。

これは、『釈紀』（巻八）と『日本書紀纂疏』（下）に引用された「天書」が比較の材料である（以下、同書は国民精神文化文献『日本書紀纂疏』による）。

「者」「也」「令」は『纂疏』になく、「光」を『纂疏』は「柔」、「謂」を『纂疏』は「名」と記し、「獣」を『釈紀』は「神」と記す。「多」以下四字を『釈紀』は「云々」と略し、『纂疏』は「云々」

すらない。「美」を『釈紀』・『纂疏』共に「秘」と記す。前掲の省略部分と共に『釈紀』・『纂疏』の一体性が知られる部分である。

次に、「乃授二天鹿児羽々一曰。此弓箭者天之秘宝。而可二以随身一。今人軍功。対レ敵臨レ戦時。三呼二其名而一射レ之。無レ不二一中百一矣。」（天書巻一）について検討してみよう。

これも、『釈紀』（巻八）及び『纂疏』（下）に引用されている。「●」印の「々」は、『天書』諸本にないが、『釈紀』・『纂疏』所引『天書』と『書紀』とを対比するに、『天書』伝本は誤まって脱した系統に属し、『天書』原型を伝えたのは『釈紀』所引『天書』であろうと推定する。「天」は『釈紀』・『纂疏』になく、「而」は『釈紀』・『纂疏、「也」に作り、「今」は『釈紀』・『纂疏』、「令」に作る。「軍」の上に『纂疏』、「成」の字があり、「射」を『纂疏』、「発」に作る。「無」を『纂疏』、「莫」に作る。「中百」を『釈紀』、「当百」に作り、『纂疏』、「而百」に作る。若干『釈紀』と『纂疏』に異同はあるが、同一部分を引用していることにかわりはなく、『纂疏』が『釈紀』所引『天書』を写す際に誤写または改変したものと推定する。

次に、「無名雉者。天之後園神也。為レ人清潔。少好二五彩霊一。皇帝常侍二左右一歌鳴遊舞。帝怪二稚彦久不レ来。使レ雉候レ之。雉翻二下中国一。坐二彦門前湯津杜樹一。鳴曰。稚彦何故来遅。遂為二天探女一被レ害。於三稚彦二不レ報一。亦無二功名一。故曰二無名雉一也。」（天書巻一）について検討してみよう。

これは、『釈紀』（巻八）及び『纂疏』（下）に引用されている部分である。

まず、「●」印の「侍」及び「杜」は、それぞれ諸本が「待」及び「桂」と誤写したのを、『釈紀』所引『天書』及び『纂疏』所引『天書』が正しく『天書』の原型を伝えたものと判断する。「稚彦」

は、『纂疏』がこのように伝えたもので、『釈紀』現存諸本は「稚」を脱して「帝怪彦久不来」と記している。『纂疏』は『釈紀』によりこの部分を転記したと思われるので、『釈紀』にも本来はこの字が存したと考える。その少し後に「稚彦」が二度登場するが「稚彦」と正しく記されているので、このように考えてよいであろう。その次が今とり上げた「稚彦」（『天書』諸本になく『釈紀』『纂疏』により補う）及び「稚」（『天書』諸本「若」に作るを『釈紀』により復原する）である。

他の異同については、「園」が『釈紀』に「薗」とあり、「皇」が『纂疏』にない。「坐」が『纂疏』に「居」とあり、「為」が『纂疏』にない。「於」以下七字が『纂疏』になく、「不」以下三字が『釈紀』に「報命不得」とある。「亦」は『釈紀』に「又」とある。

次に、「経津主神者。天之鎮神也。其先出レ自二諸尊一。初諸尊。斬二遇突智一之血。成二赤霧一。天下陰闇。直達二天漢一。化為二三百六十五度七百八十三磐石一。是謂二星度之精一也。気化為レ神。号曰二磐裂一。是謂二歳星之精一。裂生レ根去。是謂二熒惑之精一也。去生二磐筒男一。是謂二太白之精一也。男生二磐筒女一。是謂二辰星之精一也。女生二経津主一。是謂二鎮星之精一也。」（天書巻一）について検討してみよう。

これは、『釈紀』（巻六）及び『纂疏』（下）所引の『天書』のほかに『石屋本縁』に『神記』としてこの一文が引用されている。

「●」印の「熒」は、『天書』諸本が「螢」と誤写しているのを、『釈紀』・『纂疏』・『石屋本縁』が「熒」と『天書』原型を伝えたと判断される。

他の異同については、「尊」の下に『石屋本縁』、「為二冊崩一」の三字を加筆している。『石屋本縁』所引『神記』は、『釈紀』（巻六）所引『天書』と同じ個所から引用しており、また以下に挙げる五ヶ所の現存『天書』と『釈紀』所引『天書』の異同について、『釈紀』と立場を同じくしているので、『石屋本縁』は『纂疏』と同じく『釈紀』からの孫引きと判断する。この場合「為冊崩」の三字は、伊弉諾尊が軻遇突智（現存『天書』及び右掲三書所引逸文、共通して「軻」の字を脱しているが、その上の「斬」の字との目移りによる誤写と思われる）を斬られた理由として、伊弉冉（中世は多く「冊」と記した）尊が火神軻遇突智を産み給うた為焦れて崩ぜられた由を述べたもので『天書』諸本が誤脱したか、または『釈記』がその由を加筆しようとして記したものであろう。

「遇」は、『釈紀』・『纂疏』・『石屋本縁』、「温」に写し誤まり、「智之」、及びその後の三ヶ所の「也」は右の三書にない。

次に、「武甕槌神者。天之進神也。其先出レ自二稜威雄走一。昔有二大圓霧一。方四里許。其中有二小孔一。化為二石窟一。其中有レ神。是謂二稜威雄走一。雄走生二甕速日一。甕速日生二熯速日一。熯速日生二甕槌一。甕槌生二而倜儻一。形儀類レ鰐。躰勢如レ狼。権レ武恒レ之。志懐霜雪。称レ武。挙二武芸一拝レ主。進列在二八十諸神上一。」（天書巻一）について検討してみよう。

「●」印の「熯」以下六字について、『天書』諸本、「燎速日、燎速日」と記す。『釈紀』に「熯速日、々々々」とあり、『纂疏』に「熯速日、熯」とあるによりて、『天書』原型を右に引用した如く推測する。「儻」については、『天書』諸本、「黨」と記すが、『釈紀』によりて『天書』原型を「儻」と推定する。『纂疏』はこの字の六字手前の「槌」までで引用を終っているので、この個所について参照することはできない。次の「形儀類鰐。」は、『天書』諸本、「形儀鎮顎」に作る。『釈紀』に「形儀類顎」とあるによりて、「鎮」は「類」の誤写と推定し、「形儀類顎」の対句として「躰勢如レ狼」と続いて記されていることより、「狼」に対する「鰐」であろうとみて、「顎《あご》」を「鰐《わに》」の誤写と推定した。次の「権武恒之」は『釈紀』では、「権武桓々」とある。次の「称㆑武。挙㆓武芸㆒」は『釈紀』では「称拳武芸」とある。この二つは『天書』諸本のままとした。上述した以外の異同については、「神」『釈紀』では記さず、「大圓」を『纂疏』が「闇」と記し、「其」を『釈紀』・『纂疏』が「々」と記している。「々」であれば窟中に神ありとなり、「其」であれば石窟があってその中に神ありとなる。「稜」以下四字、『釈紀』・『纂疏』は写し漏らしているが、「雄走」が続いて出てくるための目移りによる誤写であろう。

「甕」以下三字、『釈紀』は「々々々」と記し、『纂疏』は「甕」一字で略記する。「甕槌」は『釈紀』、「々々」に作る。『纂疏』は前述の如く、この字の一字手前で引用を止めている。

次に、「是後天照太神。将㆔以㆓天杵尊㆒為㆓中国之主㆒。即賜㆓玄龍車㆒。追真床之縁錦衾。八尺流火鏡。赤玉鈴。薙草劒等」（天書巻二）について検討してみよう。

この部分は『釈紀』（巻八）・『纂疏』に引用され、また八字目の「以」以下の文は『大和葛城宝山記』に採られている。

諸書との異同については、「天」以下五字『釈紀』・『纂疏』になく、「之」の字、『釈紀』・『纂疏』・『宝山記』になく、「主」の字、『釈紀』に作る。「即」の字、『釈紀』・『纂疏』・『宝山記』にない。『宝山記』は恐らく『釈紀』所引『天書』を引いたものであろう。

「玄」以下十八字、『麗気記』（巻一）に採られ、「錦」・「尺」は、『麗気記』によると、それぞれ「綿」・「咫」と記されている。

次に、「猿田彦者。長鼻七咫。曲背七尋。眼径八尺。瞳赤如レ酢。面尻並赤。遍身生レ毛也。」（天書巻二）について検討してみよう。

この部分は『釈紀』（巻八）・『纂疏』（下）に引用されている。

請書との異同については、「者」「也」が『釈紀』・『纂疏』になく、「酢」を『纂疏』では「酸漿」と記している。「面尻」は『纂疏』に記されていない。

以上が、『天書』の神代の巻の独自記事についての請書との比較である。

尚、『天書』巻二の天孫降臨の記述の際、『先代旧事本紀』に記されて有名な「三十二人」の記事が『天書』にも存し、「三十二神」と記されている。伊勢神道書の『倭姫命世記』・『御鎮座伝記』は『天書』と同様に「三十二神」であり、度会家行の『瑚璉集』（下）では「三十二菩薩」と書きかえられている。

この点でも、『天書』は、『先代旧事本紀』を出発とする伝承を記してはいるが、中世の伊勢神道書の表現の方に、より接近していることが知られる。以上が本書の神道書としての性格である。

四、海外交渉史の書としての性格

以下は人皇の部である。

この部分の特色は、坂本太郎氏の「天書管見」（『日本古代史の基礎的研究』上）に指摘されている如く、海外交渉史の書としての性格である。それら海外交渉記事の多くは、『史記』・『後漢書』・『晋書』等に照らし合わせてみて「全く妄誕ともいえない」（坂本氏前掲論文）記事であると推測される。

その他の記事についても、『日本書紀』に所見のない幾多の記事が挿入されているが、それらの記事挿入は、『熱田太神宮縁起』・『経籍後伝記』・『日向国風土記』・『伊勢国風土記』・『太子伝暦』・『元興寺縁起』・『扶桑略記』等によって知られる「信憑すべき古伝に基づく挿入である」（坂本氏前掲論文）といえよう。

神代の巻では、『先代旧事本紀』と共通する所伝がみられたが、人皇の巻では、『古語拾遺』と所伝を共通する個所がみられる。

崇神天皇の御代の、天照大神の笠縫邑遷座について、「（崇神天皇六年）秋九月安置於天照太神并薙草剣別殿。詔更鋳造剣鏡矣」と『天書』（巻三）は記している。『日本書紀』が新たに鋳造された剣鏡について記していないのに対し、これを記すのは『古語拾遺』であって、『天書』が『古語拾遺』に「令斎部氏（中略）更鋳鏡造剣」とあるのに基づいて記事を挿入していることは、やはり信憑すべき古伝に基づいて記事を挿入している証拠の一つといえよう。

ともかくも、人皇の部の特色は海外交渉記事の多さである。そして海外交渉記事が回想される背後に、『天書』にみられる次の「吾国者神国也」という記載の存在は無視できないと思われるのである。

それは、用明天皇二年に仏教を受容するか排除するかをめぐり、国論が二分した際の、物部守屋・中臣勝海側の発言に関する『天書』（巻九）の記載である。

『日本書紀』にはこれを記して、「何背国神敬他神也。由来不識若斯事矣」とある。

ところが、『天書』（巻九）は、「時物部守屋中臣勝海諫曰。吾国者神国也。何廃国神而尊外国神。」

と記している。

ここにも『日本書紀』以外の材料による成文の跡がうかがえるが、平安後期の成立で伊勢の神宮古伝をよく収録している『大神宮諸雑事記』に、「用明天皇即位二年丁未。聖徳太子與二守屋大臣一合戦。其故者。太子修二行仏法一我朝欲レ弘レ法。大臣我朝偏依レ為二神国一。欲レ停二止仏法一志天成。」とある。これによって、『天書』の記事の『日本書紀』との異同は、単なる『天書』作者の述作ではなく、基づくべき古伝があって記事を挿入したための異同であることが知られる。

『大神宮諸雑事記』以前の書には、用明天皇二年の排仏論記載に際し、「我朝は偏に神国為るに依りて仏法を停止せんと欲すなり」との記事を挿入したケースがみられない。

とするならば、思想史的には、平安後期の『大神宮諸雑事記』以降に『天書』は成立したとみてよいであろう。

そして、『天書』人皇の部における海外交渉史の書としての性格と、神代の部における神道書としての性格、さらに我国は神国であるという発言の記載が、『天書』十巻の中に収められている。とするならば、そういったことが回想される一つの時期が、前述の文永十一年（一二七四）乃至はその翌年以前でかつ平安期の『大神宮諸雑事記』以後に存在すると考えられる。

文永三年（一二六六）、高麗王、蒙古の牒使黒的を導き我国に到らしめんとして果たさなかった（『元史』）。翌四年、高麗王の使、蒙古王世祖の書を奉じ日本に赴く（『元史』）。翌五年、蒙古国使黒的、蒙古国書を持ちて来たる。同七年、菅原長成、『贈蒙古国中書省牒』を草するが（『群書類従』所収）幕議により不発信となる。

こういった過程で記された返牒に、自国に対する神国意識がみられる。この返牒が草せられた頃、やはり海外交渉史が回顧せられ、吾国は神国であるという表現を古い伝えの中から見出して記すということは充分に考えられる想定である。

ひとまず、海外交渉史に目を向けたり自国意識が高まったりする時期に関する考察は措く。広く、『古事記』・『日本書紀』に漏れた伝承を残そうとして記された斎部氏の『古語拾遺』、及び物部氏の『先代旧事本紀』より以後で、なお未だ中世神道書のような神学的なものが誕生しない以前に、古典をよく学習しようとした努力の一歩として、本書のような書が著された。この意味では、本書は『釈日本紀』と立場が似ている。『釈日本紀』が吉田神道書の母胎となったように、『天書』を活用して、『麗気記』・『神皇実録』・『諸神本懐集』・『諸社根元記』・『諸神記』・『大和葛城宝山記』等、幾多の中世神道書が誕生している。そして『釈日本紀』も本書を活用した。そのような意味で、『天書』と『釈日本紀』は、レベルの差はあるが、位置的にいって、中世の神道神学文献前夜に誕生したという点で、あるいは古い伝えを残そうとした『古語拾遺』以来の努力の足跡の最後尾をつとめたという点で、共通した位置にあるといえよう。

五、おわりに

『天書』の性格について、これまで述べられてきた説では、海外交渉史的な書としての性格を見出された坂本太郎氏の「天書管見」の説があった。今回、本書神代の巻にみられる神道的な書としての性格を、請書との比較により、再度（初度は『本朝書籍目録』が本書を神事の部の冒頭に記した段階）浮かび上がらせることにつとめてきた。また、海外交渉史の書としての性格と、神道の書としての性格の併存が起こり得るのは、海外からの刺激を受けて、自国意識が高まる時期の著作であるからだという考えを持ってみた。つまり、『贈蒙古国中書省牒』と本書との思想史的共通基盤を想定してみたわけである。さらに、記紀に漏れた伝承を残そうとして古伝を研究した『古語拾遺』から『釈日本紀』にいたる途上での、『釈紀』直前の一歩と考えた。その後の神学的なものが生まれる前夜、古典をよく学習しようとした段階の書なのである。そのような一歩として、本書は神代より皇極天皇の譲位までを記して擱筆する。なぜ皇極天皇の譲位で擱筆されねばならなかったのか、その必然性について今は不明である。ただ、『本朝書籍日録』が藤原浜成（神亀元年〈七二四〉～延暦九年〈七九〇〉）撰と記したことをもとに偽書とみる見方に対して、『天書』の内部自体に浜成撰と記していない以上、そのような見方はアン・フェアーである。しかし、『天書』という書名が、その内容に比して過大すぎるという程度の批判であるならば、やむをえないとは思う。

二　天書の本文と解題

【解　題】

『天書』十巻は、神代より皇極天皇の譲位までを記した編年体の史書である。本書は、『本朝書籍目録』に大納言藤原浜成〈神亀元年〈七二四〉～延暦九年〈七九〇〉〉の撰と伝えられているが、『書薄目録』の言うところ信じがたく、その内容から推して、思想史的な展開を考慮すれば、平安末期から鎌倉初期にかけての頃の成立と考えられる。

現在『天書』として伝えられている書には、三種類がある。その一は、前述の「天書」と題する十巻の書である。その二は、「天書紀」と題する神代のみ十巻の書である。その三は、「天書巻第七、即位」と渡する現存一冊の残関本である。その第一種は、『釈日本紀』・『諸杜棍元記』・『日本書紀纂疏』(『釈日本紀』よりの孫引)等に、「天書曰」として引用されているものである。しかも同時に、出典を明記せずに『神皇実録』・『麗気記』・『大和葛城宝山記』にその一部分が転記されているものである。第二種は、坂本太郎氏が「天書管見」(『日本古代史の基礎的研究上』)の中で偽書としてしりぞけられた書であり、『書籍目録』の「天書」ではない。第三種は、巻七のみの残闕部分で判断せねばならないが、その叙述内容は、『釈日本紀』所引『天書』逸文のような年代記述ではなく、即位の手続きを記したもので、別書と考えられる。

『天書』は『日本書紀』を藍本とした史書であるが、『日本書紀』に所見のない幾多の記事が挿入されており、それらの記事挿入は、『熱田大神宮縁起』（寛平二年）・『経籍後伝記』（奈良時代）・『日向国風土記』・『伊勢国風土記』・『先代旧事本紀』・『太子伝暦』・『元興寺縁起』・『扶桑略記』等によって知られる「信憑すべき古伝に基づく」挿入（坂本氏「天書管見」）である。また挿入記事中には、『史記』・『後漢書』・『晋書』に照らし合わせてみて「全く妄誕ともいえない」海外交渉記事が存在している。さらに、坂本氏の驥尾に付して指摘しておきたいのは、次の二点である。

まず、用明天皇二年、仏教受容・排斥をめぐって国論が二分した時の物部守屋の言を記して、『日本書紀』に、「何背二国神一敬二他神一也。由来不レ識若二斯事一矣」とある。ところが、『天書』はこれを、「時物部守屋中臣勝海諫曰。吾国者神国也。何廃二国神一而尊二外国神一。」と記している。ここに、『日本書紀』以外の材料による成文のあとがうかがわれるが、平安後期撰で神宮古伝をよく収録している『大神宮諸雑事記』に、「用明天皇即位二年丁未。聖徳太子與二守屋大臣一合戦。其故者。太子修行仏法我朝欲二弘法一。大臣我朝偏依レ為二神国一。欲レ停二止仏法一志天成。」とあり、『天書』の記事の『日本書紀』との異同は単なる『天書』作者の述作ではないように思われる。これが第一点である。第二に、崇神天皇の御世に、天照大神を笠縫邑に移して奉祭することが行われるが、その時のことを『天書』は巻三に記して、「（崇神天皇六年）秋九月安二置於天照太神并薙草剣別殿一。詔更鋳二造剣鏡一矣。」とある。『日本書紀』が天照大神の笠縫移祭に焦点を合わせて、草薙剣（『天書』はこれを漢風に薙草剣と記す）のことや、あらたに鋳造された剣・鏡のことを記していないのに反して、『天書』はこれを記している。新鋳の剣・鏡のことは、『古語拾遺』に、「至二于磯城瑞垣朝一（中略）令二斎部氏一（中略）更鋳レ鏡造レ剣」とあって、古くより知られる出来事である。これも、『天書』が信憑すべき古伝に基づいて記事を挿入している証拠の一つといえよう。

本書校訂に際しては、現存諸本中最古の神宮文庫所蔵村井古巌本を底本（江戸時代初期写）とし、奥書に書写年代を明記する諸本の中で最も早い時期に写された神宮文庫所蔵豊宮崎文庫本（元文五年写）を副本とした。その他に、底本村井古巌本を書写した林崎文庫本（神宮文庫所蔵）、副本豊宮崎文庫本を書写した御巫清直本（神宮文庫所蔵）を参照した。また、字句の異同を頭注に記入しなかったが、宮内庁書陵部蔵明治写本・東京国立博物館蔵天保三年写本・無窮会神習文庫蔵安元元年写本及び小田清雄校本・東洋文庫蔵二冊本・静嘉堂文庫蔵二冊本二部及び一冊本・京大図書館蔵大正写本を参照した。なお、水戸彰考館文庫の目録によると、版本の三冊本があったことを記載しているが、戦災で焼失し、現存しない。

底本の体裁は、縦二五・五糎、横二〇・四糎、一面十字詰八行であり、題箋に、「天書一之二」「天書三之四」「天書五之六」「天書七之八」「天書九之十」と墨書された五冊本である。蔵書印は各巻冒頭に「勤思堂」「林崎文庫」「神宮文庫」、巻末に「村井敬義」の朱印が押され、巻末に天明四年村井古巌奉納の旨を記した朱印が押されている。奥書を記していないが、江戸時代初期の写本と思われる。

次に副本は二冊本で、表紙に外題なく、縦二九・七糎、横二〇・八糎、一面十七字詰十一行であり、

「宮崎文庫」「神宮文庫」の朱印が押されている。奥書に「享保十五庚戌年九月上旬謹書二写之一。元文五庚申歳五月上旬謹書写。勢州豊宮崎御文庫奉納、武州江府散人、斎藤氏盛郷」と記されている。

尚、当本は、底本と書写系統を異にするので、今回の校訂のほかに、訓注に於いて、参考とすべき場合がある。例えば、「神功」の傍訓に、底本「カンノイサヲシ」とあるところを、当本に「カンコト」とするような違いが各所に存在する。その中に、『天書』巻八継体天皇前記の「愍民」の「愍」を底本「アハレム」と訓じる所を、当本は「アハレア」と訓じている。一見誤写の如く思われるが、「ア」は〈見〉より出た異体仮名（中世前期）であり、「アハレミ」と連用形に表現したものである。善本が古い姿を保持していたことを物語っている。同様に、「ネ」の異体仮名の「子」は底本・副本共通して見られる。例えば、巻一では、「根係（子カカル）」「泥土根（ウヒチ子）」「常（ツ子）」「(天)児屋根（コヤ子）」の如くである。

諸本及び請書の略称は次の通りである。

底　本	村井古巌本（神宮文庫所蔵）
副　本	豊宮崎文庫本（同前）
林崎本	林崎文庫本（同前）
御巫本	御巫清直本（同前）
紀・書紀	日本書紀（新訂増補国史大系本）
記	古事記（日本古典文学大系本）
釈　紀	釈日本紀（新訂増補国史大系本）

扶　略　　扶桑略記（同前）
帝　編　　帝王編年記（同前）
旧　紀　　先代旧事本紀（『先代旧事本紀の研究（校本の部）』）
紀　略　　日本紀略（新訂増補国史大系本）
纂　疏　　日本書紀纂疏（『国民精神文化文献』四）

尚、本稿執筆に際し神宮文庫の翻刻御許可と鎌田純一先生の御教示を得た。記して深甚なる謝意を表したい。

・牙―底本作芽。副本・御巫本牙に作るにより て改む。
◦天以下十三字―旧紀に類似文あり。神皇実録作「天譲日国譲月皇神」。
◦譲―旧紀作禅。神皇実録作譲。
◦月―旧紀作日。神皇実録作月。
◦視以下二十五字―神皇実録に類似文あり。
◦下―神皇実録この下而の字あり。
◦耀―神皇実録作臨。
◦宇宙―神皇実録作天地。
・宙―諸本作苗。文意により改む。
◦水―神皇実録この下之の字あり。
◦物―神皇実録作品
◦件以下十二字―神皇実録に類似文あり。
◦神―神皇実録作柱。
◦有―神皇実録この上「光胤坐也、雖」の五字あり。
・現―底本作視。副本・御巫本・神皇実録に現とあるによりて改む。
◦則以下二十一字―旧紀・麗気記・仙宮秘文に類似文あり。
◦立―旧紀・麗気記この下於の字あり。
◦之―麗気記なし。
◦中―旧紀・麗気記この下之の字あり。
◦天―仙宮秘文この下之の字あり。
◦国柱―旧紀・麗気記作也。仙宮秘文作国之柱也。
・宙―諸本作苗。文意により改む。
◦大―副本・御巫本作太。

【本文】

天書　巻第一

天地初開闢之時。譬猶下海上浮壌無上レ所二根係一。于レ時其中生二一物一如二葦牙一。独化現二神人一。名曰二天譲日天狭霧国譲月国狭霧尊一。亦号二国常立尊一。此神人自然化而視二天下一。式二時候一授二諸天子一。照二耀宇宙《アメノシタ》之間一。以二一水徳一利二万物之命一也。次化現神。曰二国狭槌一。次曰二豊香節一。次曰二埿土根沙土根一。次曰二大苫彦大苫姫一。次曰二面足彦橿城姫一。件五代八神有二名相一。未レ現二形体一。五徳倶坐也。次化現神。曰二伊弉諾尊伊弉冊尊一。此二神受二天神之命一。授二天瓊矛一。天二降此国一。於レ是二神立二於天上浮橋一。計曰底下豈得レ無レ国乎。以二天瓊矛一。指下而覔レ地。因畫二滄海一。而自レ戈滴瀝之潮凝聚為レ島。即磤馭盧島是也。二神降二居彼島一。則以二天瓊矛一指二立磤馭盧島之上一。以為二国中天柱国柱一。於レ是二神遂生二国地及山河草木一。始有二男女耦生陰陽交合之道一。然万物之化。或顕或晦。自不レ弁二尊卑一。諸尊憂レ之。共二並尊一誓欲レ生二宇宙之君主《アメノシタヲシラスヘキキミ》一。計遂生二天照大日孁尊一。此神生而有二霊異徳一。光輝麗美貫二六合一。形容非レ常。故二神悦授二天位一。次生神号二月読尊一。此神生而清潔。質明彩。以足レ使レ統二掌天下一。故副二日孁尊一治二於天下一。次生神名号二素盞嗚尊一。此神生而性急。有二勇悍一以安忍。且常哭泣。好二残害一。以万民多夭折。青山変枯。不レ順二父母之命一。遂遣二根国一。次生二蛭児一。此神生而質柔孺。満二三年一脚痿不レ起。載二葦船一而順レ風放棄。其後並

○孁尊―副本、御巫本になし。

○天以下四十三字―諸社根元記・諸神本懐集・諸神記に載す。

○尊―本懐集作尊。

・者―諸本になし。前後の例及び諸神本懐集により補ふ。根元記・諸神記になし。

○貌―本懐集・根元記・諸神記この下に只の字あり。恐らくは衍字。

○使以下二十六字―釈紀七に載す。

○女命―釈紀になし。

・巫―諸本作主。釈紀により改む。

・鬘―諸本作髪。釈紀により改む。

○戸之―釈紀になし。

○天以下三十八字―釈紀七に載す。

○天―釈紀作石。

○命―釈紀になし。

○治工―釈紀になし。

○神―釈紀になし。

○天照太―釈紀作大。

○歳―釈紀作蔵。

○石―釈紀になし。

○命―釈紀になし。

○巧盡―釈紀になし。

○太―釈紀作大。

尊及レ生二火神軻遇雷一。所レ焦而崩時。則生二水神罔象女。土神埴山姫等一。諸尊憂レ崩二並尊一。潜然抜レ劔斬二遇突智一。為二三段一。其血化二赤霧一散二四方一。陰闇諸尊慕二並尊一。到二葬之所一。視二其穢体一。慙而迯返。於レ是諸尊神功広大。事終帰二天上一矣。茲素盞鳴尊欲レ行二根国一。即昇二天原一。相二見日孁尊一。孁尊豫《メ》知二勇建而暴悪一。設二武備一待レ之。于レ時素盞鳴尊告二孁尊一曰。吾何有二叛心一。只欲レ相二見姉尊一耳。孁尊未レ信。遂誓約生二吾勝尊及四男一。孁尊養二吾勝尊一為二太子一。是後素盞鳴尊為行《シワザ》甚無状。種種有二暴行一、於レ是孁尊怒慍。則入二天石窟一。閉レ戸隠坐焉。故国中陰闇。不レ知二昼夜一。衆事燎レ燭《ヒヲ》後、悉弁二別之一。諸神忙然無レ所レ為。爰思兼命者。天之智神也。思慮兼レ人。謀深沈静也。則慮定。多集二常世長鳴鳥一。令二同鳴一レ之。以二天手力男命一。立二磐戸之側一。天手力男命者。天之勇神也。力量抜二梓衆神一。能挙二千斤磐石一。且達《ス》二射芸一。令レ守レ之。次択二天児屋根太玉命二神一。天児屋根命者。天之忠神也。其貌如レ日。其心如レ海。其徳如レ地。天神感二其徳一。莫レ不二来従一。天照太神極善。拜為二掌祷神一也。太玉命者。天之仁神也。其心広、覆如レ天。其徳潤如レ水。無レ不レ尊。在二天照太神之左右一。補二翳之一並二児屋根命一。令レ掌二祭事一也。故則取二天香山賢木一。而此樹懸二種々神宝一。倶致二祈祷一焉。使二天鈿女命一為二師巫一。頭着二蘿鬘《ヒカゲカヅラ》一。身着二手繦《タスキ》一。足踏二覆槽一。在二於窟戸之前一。巧作二俳優一。亦令二天石散姥命一鋳二造日像之鏡一。摸二像天照太神御形一也。天散姥命者。天之治工神也。天抜戸之神子也。天照太神歳時。石散姥命。自巧盡作二明鏡日矛一。以奉二太神一。乃称二天之鏡造神一也。如レ此慮設。将

和神之怒。此時天照太神。乃以御手。少開磐戸窺之矣。手力男命。取御手。奉引出之。于時八十万神大喜。以素戔鳴尊。責其罪。贖《フニ》以千座置戸。而追逐根国矣。是鳴尊者。辞天而降於出雲国。到簸之河上時。忽然聞《クニ》為人啼哭之声。鳴尊哀思尋声。往見之。有少茅屋白髪老翁老婆二人。其貌有異相。中間置一少女而哭也。鳴尊問之曰。汝等何故如此哭耶。対曰。吾是国造。名脚摩乳。我妻名手摩乳。此少女吾女子也。名号稲田姫。所以其哭者。以前吾有数子。然毎年。為八岐大蛇所呑。今此少女一人而已。亦近比当為之呑也。故哭泣耳。稲田姫。生而形容秀麗和悦能通耕麦之事也。鳴尊視之曰。汝以女子奉仕吾耶。老翁夫婦対曰。冀随尊命。於是鳴尊即以湯津爪櫛。而挿於稲田姫御髪。而謂脚摩乳・手摩乳曰。吾将為汝殺大蛇。堀于池。而溜八醞酒数石。其於上設于壇。置稲田姫。至期果有大蛇。見於其池摸人之影。飲其酒沈酔而睡。于時。鳴尊抜所帯之劔。斬其蛇為数段。至尾劔刃少欠。故裂其尾視之。有一霊劔。鳴尊思《ヘラク》。是此以往呑帯劔之人歟。則献于天照太神。薙草劔是也。然後鳴尊迎稲田姫為妃。児生大国魂神。此神生而剛強勇猛。大善己亢人。悉摧伏其不順。而自立治葦原中国。居出雲国矣。其後天照太神。以吾勝尊。将為中国之主。于時吾勝尊。娶高皇産霊女栲機姫。生天杵尊。栲機姫者。天之織神也。容儀美麗。有貞節。且達女工。広始養蚕之道也。天杵尊生而有聖表。自然志確堅。勇儀沈静有弁別。因茲天照太神。将立天杵尊。為

。天以下四十一字―釈紀八及び纂疏下に載す。
。者―纂疏になし。
。也―纂疏になし。
。光―纂疏作桼。
。獣―釈紀作神。
。多以下四字―釈紀作云々。纂疏なし。
。令―釈紀、纂疏なし。
。美―釈紀、纂疏作秘。
。謂―纂疏作名。
。乃以下四十三字―釈紀八及び纂疏下に載す。
。天―釈紀・纂疏になし。
・々―諸本になし。底本羽に傍訓して「ハヽ」とあり、釈紀・纂疏により「々」を補う。
。而―釈紀・纂疏作也。
。今―釈紀・纂疏作令。
。軍―纂疏この上に成の字あり。
。射―纂疏作発。
。無―纂疏作莫。
。中百―釈紀作当百。纂疏作而中。
。娶―副本作聚。
。園―釈紀作薗。
。無以下八十字―釈紀八及び纂疏下に載す。
。皇―纂疏なし。
・侍―諸本作待。釈紀・纂疏侍に作るによりて改む。
。久彦不来―釈紀作彦久不来。纂疏作稚彦不久来。
。坐―纂疏作居。
・杜―底本作桂。副本・釈紀・纂疏杜に作るによりて改む。
。何―釈紀・纂疏この上に稚彦の二字あり。
。為―纂疏なし。
。於以下七字―纂疏なし。
。若―釈紀作稚。
。不報命―釈紀作報命不得。
。亦―釈紀作又。

中国之君主上。然此時彼国大紛乱。而有二種々悪神一。不レ順二皇化一。故天照太神。召二集八十万神一。而共謀曰。今葦原中国。大乱不レ順二王命一。当下遣二何神一征中討之上耶。願汝等勿レ隠。当レ謂二其知處一矣。衆神僉曰。天穂日神者。強剛而有二識量一。遣二此神一者。中国必平歟。於レ是伏随二衆神之言一。即使二穂日神一平レ之矣。然此神質佞奸。且無レ勇。遂媚二於大国魂神一。及二三年一猶不二報聞一。故遣二其子三熊大人一。是亦父同傾二大国魂一。不二返報一。於レ是亦集二衆神於八十河原一。復推二問可レ遣之神一。衆神曰。天国玉之子。天若彦者。是勇猛有レ謀。必当レ為二大事一。冀試レ之矣。天国玉者。天之掌玉神也。為レ人光和。其志如レ海。恵及二鳥獣一。家富財貨多。畜二美玉一。帝擢令レ掌二美玉一。是謂二天国玉一也。天若彦者。天之叛神也。其為レ人貪。而志不二忠誠一。好二淫色一忘レ身。故謂二天之叛神一也。太神則用二衆神之言一。命遣レ之。乃授二天鹿児羽[々]一曰。此弓箭者天之秘宝。而可二以随一レ身。今人軍功。対レ敵臨レ戦時。三呼二其名一而射レ之。無レ不二一中一レ百矣。此神亦不二忠誠一。即娶二大国魂女子下照一。以自立為レ将二中国之主一。是時太神疑二其久不二来報一。而使二無名雉窺一レ之矣。無名雉者。天之後園神也。為レ人清潔。少好二五彩霊一。皇帝常侍二左右一。歌鳴遊舞。帝怪二久彦不一レ来。使二雉侯《ウカヽハ》レ之。雉飜二下中国一。坐二彦門前湯津杜樹一。鳴曰。何故来遅。遂為二天探女一被レ害。於二若彦一不二報命一。亦無二功名一。故曰二無名雉一也。因レ茲太神慮。将レ遣二経津主神一。八十諸神曰。是善矣。乃遣焉。経津主神者。天之鎮神也。其先出レ自二諸尊一。初諸尊。斬二遇突智一之血。成二赤霧一。天下陰闇。直達二天漢一。化為二三百六十五度七百八

○経以下百十八字—釈紀六・纂疏下・石屋本縁所引神記載す。
○尊—石屋本縁この下為冊崩の三字あり。
○遇—釈紀・纂疏・石屋本縁作温。
○智之—右三書なし。
•熒—諸本作螢。右の三書熒に作るによりて改む。

○也—右三書になし。
○也—同右。
○也—同右。
○武以下六十五字—纂疏下に載す。
○武以下百二字—釈紀六に載す。
○神—釈紀なし。
○大圓—纂疏作闇。
○其—釈紀・纂疏作々。
○稜以下四字—釈紀・纂疏なし。
○甕以下三字—釈紀作々々々。纂疏作甕
○燎—釈紀・纂疏作熯。従うへし。
○燎速日—釈紀作々々々。纂疏作熯。熯速日に改むへし。
○甕槌—釈紀作々々
•儻—諸本作黨。釈紀により改む。
○鎮—釈紀作類。
○恒之—釈紀作垣々。誤写か。
○武—釈紀になし。

○有—副本・御巫本になし。

十三磐石一。是謂二星度之精一也。気化為レ神。号曰二磐裂《イハサク》一。是謂二歳星之精一。裂《サク》生二根去一。是謂二熒《ケイ》惑之精一也。去《サク》生二磐筒男一。是謂二太白之精一也。男生二磐筒女一。是謂二辰星之精一也。女生二経津主一。是謂二鎮星之精一也。経津主生而。為レ人沈静。其威重如二泰山一。明達如二日月一。勢如二飛龍一。其声如レ雷。疾如レ風。衆神僉伏二其威一。故太神拝為二将師一。令レ掌二衆軍之権一也。于レ時武甕槌神。其声如レ鐘。進乃叱二衆神一曰。豈只経津主耳。独勇悍。而吾非二勇悍一耶。武甕槌神者。天之進神也。其先出レ自二稜威雄走一。昔有二大圓霧一。方四里許。其中有二小孔一。化為二石窟一。其中有レ神。是謂二稜威雄走一。雄走生二甕速日一。甕速日生二燎速日一。燎速日生二甕槌一。甕槌生而偶儻。形儀鎮顎。躰勢如レ狼。権レ武恒レ之。志懐二霜雪一。称レ武。挙二武芸一拝レ主。進レ列在二八十諸神上一。則副二経津主一。令レ平二中国一。於レ是。二神到二出雲国一。即抜二八握劒一。叱二大国魂一曰。天帝将下以二天杵尊一。為中中国之主上。汝何早不レ避乎。其威気慷慨。大国魂。其勢畏伏謂二二神一曰。今吾児事代主。好二漁猟之遊一。在二三津之崎一今問レ彼以随二帝命一。乃使二稲背脛一問レ之矣。事代主者。大国魂子。為レ人潔白。而不レ貪。有二大義一。聞レ之曰。天帝有二求請之命一。何不レ進耶。故大国魂。随二其子之辞一。遂避二中国一。于レ時以二天広矛一。授二二神一曰。此矛者。天珍宝而代々伝レ之。吾以二此矛一。悉平二不レ順者一有二大功一。当レ為二鎮レ国之護一。吾今譲二二神一以宜レ献二天杵尊一。必常帯レ之。輙莫レ借二於人一。吾父子。当二於《ニ》百不レ足之八十限隠去一。言語訖遂避焉。於レ是二神在二中国一。弱遣《ハ》レ人平レ之。強《ハ》自発向誅レ之。到二諸邪神及草木石類一。皆悉平矣。無下不レ随二皇化一者上。

乃昇レ天復命。而告レ之曰。葦原中国。皆已苅掃平定矣。太神喜。甚賞三二神之功一也。

天書巻第一終

天書　巻第二

是後天照太神。将下以二天杵尊一。為中中国之主上。即賜下玄龍車。追二真床一之縁錦衾。八尺流火鏡。赤玉鈴。薙草劔等上。亦勅二天杵尊一曰。葦原中国。是吾子孫。可レ主之国也。宜二爾天杵尊。就而治一レ之矣。宝位之隆子々孫々。千々萬々。当二共無一レ窮二天壌一者也。于レ時天忍日命。大来目命。背負二千箭之靫一。臂著二稜威高鞆一。手握二天梔弓。天羽々矢一。腰帯二八握劔。又十握劔一。為二天杵尊之先駈一。於是レ天杵尊。則引二開天磐戸一。離二高御座一。乗二天神所レ賜之玄龍車一。而以二真床錦衾一覆レ之。令二華蓋一。天御蔭日御蔭。秘蔵之矣。天児屋。井太玉。石散姥神等。捧二持天神所レ伝之。八坂流火鏡。赤玉鈴。薙草劔一。三十二神。守二護於車之左右一。踏二分天浮雲一。所レ幸道路啓行。而天降焉。于レ時先駈者馳還白。往先路有二一神一。立二天八達衢一。故不レ能二越過一也。是猿田彦神也。猿田彦者。長鼻七咫。曲背七尋。眼径八尺。瞳赤如レ酢。面尻並赤。遍身生レ毛也。時八十諸神。皆無二往而見一レ之者一。故天杵尊。勅二天鈿女一曰。汝是勇猛也。宜二往問一レ之耳。天鈿

○是以下三十九字―釈紀八・纂疏下に載す。
○天以下五字―釈紀・纂疏になし。
○以以下三十二字―大和葛城宝山記に取れり。
○之―釈紀・纂疏・宝山記なし。
○主―釈紀作王。
○即―釈紀・纂疏・宝山記なし。
○玄以下十八字―麗気記一に取れり。
○錦―麗気記作綿。
○尺―麗気記作咫。
○薙草―副本・御巫本作草薙。
○座―副本・御巫本作巫。
○而―副本・御巫本になし。
○薙草―副本・御巫本作草薙。
○三十二神―旧紀作「三十二人」倭姫命世記・御鎮座伝記「三十二神」。瑚璉集下「三十二菩薩」。
○猿以下二十八字―釈紀八・纂疏下に載す。
○者―釈紀・纂疏になし。
○酢―纂疏作酸漿。
○面尻―纂疏なし。
○曰―副本・御巫本この下に曰の字あり。衍なるべし。

◦闌―副本・御巫本作蘭。紀作闌。

女命者。天之良神也。為レ人勇烈不レ屈レ人。職資莫大。且達二舞楽一。受レ命乃少不レ臆。露二其胸乳一。噱然向立。叱二衢神一曰。汝是何等者。有二天孫降臨之先路一。如レ此塞耶。衢神対曰。吾敢不レ塞二道路一。為下迎二天孫一而導上レ之。相待既久焉。即遂先立到二日向高千穂奇觸峰一。於レ是猿田彦者。別而行二伊勢国一矣。天杵尊。経二営宮室一。大施二至徳一。治二天業一。亦天杵尊。聞二大山祇神女。美麗弁正一。乃召レ之。大山祇神者。在二中国一掌レ山之神也。恵及二草木一。大蓄息。仍天神令レ掌二山嶺一也。祇有二二女一。曰二姉磐長妹鹿葦津一。即隨二天杵尊之命一。進レ之矣。姉形容甚醜。妹秀麗姿嬋娟。於レ是天杵尊。以二妹鹿葦津一為レ妃。則一夜而懐妊。天杵尊。疑未レ信曰。是非二吾子一歟。鹿葦津聞レ之。甚慙恨入二于奥室一。堅閉レ戸誓曰。妾所二懐妊一児。若非二天孫之胤一。当二焦滅一。若実有二天孫之胤一。火不レ能レ滅。即家於二四方一。積二葦草一。放レ火焼レ之。始起レ烟之時生児名。号二火闌◦降命一。次生児。号二火々出見尊一。次生児。号二火明命一。豫鹿葦津如二誓言一。験方明也。於レ是天杵尊為レ児。養レ之。後久而。崩二於日向宮崎宮一。因以葬二于埃之山陵一也。爰火闌降命。生而自有二海幸一。火々出見尊。自有二山幸一。于レ時兄弟互易二其幸一為レ遊。故兄持二弟之幸弓一。入レ山求レ獣。終日一不レ得レ之。弟持二兄之幸鈎一。出二海浜一鈎レ魚。亦無レ所レ獲。而遂失二其鈎一。是時兄返二弟弓矢一。責二己鈎一。出見尊吟然至二海辺一。于レ時有二一老人一。髪白如レ雪。額如レ浪。腰如二弓張一。面色如二少男一。着二麻服一。手握レ杖。緩如出来矣。出見尊問レ之曰。汝是為二如何一者。于レ時老翁対曰。吾塩土老翁。君是非二天神子孫一乎。何如レ比有二憂色一耶。出見尊。

◦客―副本・御巫本作容。
◦客―同前。

・請―底本・林崎本作謂。副本・御巫本請に作るによりて改む。

具語二其事一。老翁曰。君深勿レ憂。吾能為レ君謀レ之耳。即作二竹籠一。載二出見尊一。放二流於海中一。而到二海底一。有二大門一。仰見レ之。城閣高凌。楼台聳レ雲。其門前有レ井。其脇有二大杜樹一。出見尊立二其樹下一。良久有二一女一。容貌端正。姿嬋娟。群女孺従二於左右一。出レ自二門内一。而汲二井水一。受二玉杯一。見二出見尊一。忽然還二入于門内一。白二其父海神一曰。門前有二一貴客°一。於レ是海神使三人問レ之曰。貴客°者是誰人。何故至二此處一耶。出見尊対曰。吾是天神之孫也。海神驚迎拜曰。奴者是依二天神之命一。掌レ海者。久蒙二天神之恩一。今君何以到二此處一耶。出見尊告以二先事一。海神曰。君勿レ憂。吾得二其鈎一献二天孫一。即令下召二諸魚一問上之。皆曰。不レ知。但赤女有二口疾一。而不レ来。仍急召レ之。探二其口一得二所レ失之鈎一。因以献二出見尊一。於レ是以二海神女豊玉姫一為レ妃。留聞二三年一也。是後出見尊。有下還二故郷一之意上。乃辞二海神一。別二豊玉姫一還二中国一。于レ時豊玉姫。謂二出見尊一曰。妾已有二懐妊一。当二安産之時一。到二海浜一。請為レ妾。豫造二産屋一待レ之焉。至レ期果先如二誓言一。来而謂二出見尊一曰。妾今夜生産。・請勿レ視レ之。出見尊則諾。後不レ聞竊窺レ之。豊玉姫化為二七丈余大龍一。遂為レ尊所レ見二其形一。辱而恨帰二海宮一。留二其妹玉依姫一。令レ養二其児一。名曰二鸕鶿草葺不合尊一也。是彼造二産屋一之時。悉以二鸕鶿羽一葺二其屋一。甍未レ合之時。生二此児一。因以名也。是後葺不合尊。以二其姨玉依姫一為レ妃。而児生二彦五瀬命。次稲飯命。次磐余彦尊一。磐余彦尊生而聡明英達。意堅確而有二識量一秀二諸兄一。因以為二太子一。譲以二中国一矣。

○都以下五字―紀になし。記に「坐二高千穂宮」とあり。日向宮崎宮を記すもの、平家物語・神皇正統記・職原鈔・賀茂皇太神宮記・日向案内記の諸書なり。
○元年―紀になし。これは日向宮崎宮の元年の意であって、この後辛酉年橿原宮で即位のことが記されるに至り、本書はもう一度元年と記している。
○大―副本・御巫本作太。
○大―同前。
•己―諸本作戊。戊未の干支は干支順位から言って存在しない。紀己に作るによりて改む。
○烏―副本・御巫本・林崎本作鳥。
○烏―同前。
神武天皇

神武天皇者。葺不合尊第四子也。母玉依姫。河童小女也。都二日向宮崎一。

元年甲寅。今年帝四十五歳。謂二諸兄弟并衆臣一曰。吾是天神之孫。皇祖皇考以来。雖レ都二此地一。遠遼之地。未レ霑二皇化一。彊域狭而。不レ足レ為二大業一。吾嘗聞。東方有二善国一。其地沃壌。廻二山川四方一。当レ為二大業一之地也。何鬱々而居二此西偏一耶。僉曰然。於レ是冬十月丁巳朔辛酉。帝親帥二皇師一。大設二軍器一練レ兵。浮二衆船一夷二九国一到二芸州一。居二於埃宮一。

乙卯年春三月甲寅朔己未。帝率二甲兵一到二備州一。三年之間練レ兵畜二兵食一。造二軍器一備二数船一。将レ入二於中州一。

戊午年春二月丁酉朔丁未。帝卒二皇師一東征。舳艫相連。殉二摂河之二州一。欲下踰二伊駒山一而入中和州上。于レ時長髄彦。則備二精兵一。徼三皇師於二孔舎衛坂一。挑戦時。帝兄五瀬命。中二流矢一。軍中薨。皇師失レ利。帝憂曰。吾是日神孫。今日向会戦。故失レ利。遂軍還二於草香津一。六月乙未朔丁巳。皇師在二紀州一。誅二名草戸畔者一。到二熊野一。誅二丹敷戸畔者一。於レ是皇師将レ入二中州一。而山中嶮絶。無二可レ行之路一。皇師僉忙然。時日臣命。謂レ帝曰。往前無レ道。為二如何一。帝憂仰レ天誓矣。時有レ烏。自二虚突一飛降。日臣命。追レ烏而啓行。遂到二于兎田下縣一。帝甚悦。改二日臣一為二道臣一。亦遣レ使召二兄猾及弟猾一。即弟猾詣至拜二軍門一。兄猾叛不レ来。仍討而殺矣。冬十月癸巳朔。帝帥レ兵到二吉野一。進レ兵撃二国賊梟師於国。岳―紀作丘。
。一―副本・御巫本になし。
。兵甲―副本・御巫本作甲兵。
。闢―副本・御巫本作闕。
・宮―底本・林崎本作后。副本・御巫本宮に作るによりて改む。
。申―副本・御巫本作寅。
・乙―諸本作己。己と乙と誤写されやすきにて、紀に乙とあるによりて改む。
。三月―紀この条なし。
。夏六月―紀この条なし
。戌―副本・御巫本作辰。
。十二年―紀この条なし。
。日州―日州が日向国をさすことは、本書巻五応神天皇十三年条に、日向国の諸縣君の女髪長姫を日州美人髪長姫と記していることより判る。

見岳一。大敗誅レ之。然餘黨猶繁。於レ是遣二道臣一討レ之遂滅矣。冬十一月癸亥朔己巳。帝以レ使招二兄磯城弟磯城一。兄磯城不レ随二皇化一。仍征レ之。兄磯城則具二兵甲一。将レ決二雌雄一。帝先遣二弟磯城一。説二利害一。然不レ聞。故挙レ兵誅レ之。十二月癸巳朔丙申。帝常誅二長髄彦一。五瀬命欲レ報レ怨。然諸虜塞レ路。故未レ挙レ兵。至二于斯一漸道闢。帝喜督レ兵撃二長髄彦一。皇師不レ能レ勝。時天忽然陰闇。南北不レ分。凶風挙レ沙。大雨崩レ山。長髄彦兵迷眩不レ能レ戦。皇軍進大敗二虜賊一。斬二長髄彦一。残賊悉属二皇化一。和州大定矣。

己未年春三月辛酉朔丁卯。詔皇宮建二和州橿原一都レ之。命二有司一経二営帝宅一。是謂二橿原宮一。

庚申年秋九月壬午朔乙巳。納二五十鈴姫一為レ妃。是事代主神女。時有二国色之聞一。故為レ妃。

辛酉年正月庚辰朔。帝即二位於橿原宮一。是歳帝謂二元年一。尊二正妃五十鈴姫一。為二皇后一。

元年春三月。帝詔以二天璽神宝一。安二置宮内一。令三天種子・天富命一専二掌祭祀一。以二宇麻志麻治命一為レ掌二物部一。而守二護宮内一。禁二非常一。夏六月。命二天種子一。定二祓之辞詞一矣。

二年春二月甲辰朔乙巳。帝定レ功行レ賞。大懇二于衆臣一矣。

四年春二月壬戌朔甲申。帝詔建二斎庭於鳥見山一。郊二祀皇祖天神一。

十二年夏六月。帝行二幸于日州一。拝二皇祖皇考等陵一。令レ守二護之一矣。

○如蜻―副本・御巫本・林崎本作蜻如。
○三十五年―紀この条なし。伊勢国風土記逸文（万葉集註釈一所載）に、神武天皇の命により天日別命が伊勢国を平定したことが見える。
○七十二年―紀この条なし。
○二―紀・旧紀・紀略・扶略・水鏡・愚管抄・神皇正統記等作七。記では百三十七歳とす。日向宮崎での甲寅の年、本書に四十五歳とあり、辛酉の年は七年後で五十二歳となり、七十二年崩じて、百二十七歳と算出される。従って、諸書に百二十二歳とするものなく、古事記以外の諸書百二十七歳とするのであるから、恐らくこの二は七の誤写と考えられる。

三十一年夏四月。帝巡二幸諸州一。覧二民情一。登二高岳一望二遠国之形一。謂二左右一。此国者。直如二蜻蛉之瞖一。於レ是名二秋津洲一也。

三十五年秋八月。在二伊勢国凶賊一。不レ隨二王命一。遣二天日別命一誅レ之矣。

四十二年春正月壬子朔甲寅。立二皇子神渟名川耳尊一。為二太子一。

七十二年春三月。遣二道臣命於諸州一。令レ窺二皇風之玉澤一矣。

七十六年春三月甲午朔甲辰。帝崩二於橿原宮一。時年百二十二歳。

七十七年秋九月乙卯朔丙寅。帝葬二于畝傍山東北陵一。

七十九年冬十一月。太子庶兄手研耳命。先帝崩而竊窺二天位之空一。殺二太子及神八井耳命一。而自立欲レ治二天下一。於レ是太子知レ之善防レ之。漸待二於山陵之事畢一。太子與二神八井耳一。相謀遂射二殺手研耳命一矣。

天書巻第二終

天書　巻第三

綏靖天皇

綏靖天皇者。神武帝第三子也。母五十鈴姫也。帝生而風姿岐嶷。而向志沈毅英華。秀二兄二皇子一。故先帝立為二皇太子一。

元年春正月壬申朔己卯。皇太子即位。都遷二和州葛城一。是謂二高岡宮一。尊二皇后一謂二皇太后一。

二年春正月。立二五十鈴依姫一為二皇后一。是帝之姨也。
八年夏四月。有二筑州凶賊一。号二熊津彦一。不レ隨二皇化一。帝詔浮二乗船一。遣二皇兵一
誅レ之矣。
十五年春三月。大旱。至レ夏不二雨降一。帝於二大殿一祭二皇祖諸神一矣。
二十五年春正月。立二磯城津彦玉手見尊一為二皇太子一。
三十三年夏五月。帝崩二于高丘宮一。時年八十四歳。秋七月癸亥朔乙丑。太子即
位。

安寧天皇

安寧天皇者。綏靖帝皇子也。母五十鈴依姫。事代主神少女也。帝時年二十一
歳。
元年冬十月。葬二先帝和州島田丘上陵一。尊二皇后一為二皇太后一。
二年都遷二於和州片塩一。謂二浮穴宮一。
三年春正月。立二渟名襲姫一為二皇后一。
十一年春正月。立二大日本耜友尊一。為二皇太子一。
三十八年冬十二月。帝崩二于浮穴宮一。時年五十八歳。

懿徳天皇

懿徳天皇者。安寧帝第二子也。母渟名襲姫。事代主神裔。鴨王女也。

○八年―紀この条なし。熊津彦、紀では景行天皇十八年四月紀に見ゆ。

○十五年―紀この条なし。

•三―諸本作五。紀作三。帝の御年八十四歳は本書と書紀と同じ。三と五と誤写されやすきによりて、書紀の三に従って改む。

○年―紀に同じ。記四十五歳とす。

○年―紀に同じ。

○年―紀作五十七歳。立太子の御年（本書・書紀ともに二十一歳）より算出すれば六十六歳。記四十九歳とす。

元年春正月。太子即位。秋八月葬二帝於畝傍山南陵一矣。秋九月。尊二皇后一為二皇太后一。

二年春正月甲辰朔戊寅。遷二都於軽地一。是謂二曲峡宮一。二月癸卯朔癸丑。立二天豊津姫一為二皇后一。

十六年春三月。不レ随三西州叛於二皇化一。帝詣遣二沼田命一征レ之矣。

二十二年春二月。立二観松香殖稲尊一。為二皇太子一。

三十四年秋九月。帝崩二于曲峡宮一。時帝年七十八歳也。

孝昭天皇

孝昭天皇者。懿徳帝第一皇子也。母天豊津姫。息石耳命女也。三十五年冬十月。先帝葬二畝傍山繊沙渓上陵一。

元年春正月。太子即位。秋七月遷二都於掖上一。是号二池心宮一。

二十九年春正月。立二世襲足姫一為二皇后一。

六十八年春正月。立二日本足彦国忍人一。為二皇太子一。

八十三年秋八月。帝崩二於池心宮一。時年百十四歳。

孝安天皇

孝安天皇者。孝昭帝第二子也。母世襲足姫。尾張連妹也。

元年春正月。太子即位。秋七月葬二先帝於掖上圖多《ハカタ》山陵一。

○正―紀作二。
○辰―紀作戌。
○十六年―紀この条なし。
・昭―同前。
○帝―副本・御巫本になし。
○年―紀になし。立太子の御年より算出すれば七十七歳。紀略・水鏡・愚管抄・神皇正統記作七十七歳。神皇正統録七十八歳。記四十五歳。
・昭―諸本作照。今意改。
○年―紀になし。紀の立太子の御年より算出すれば百十三歳。紀略・水鏡作百十四歳。記作九十三歳。
○昭―諸本作照。文意により改む。
○秋七月―紀この条孝安天皇三十八年秋八月紀に記す。
○圖―記紀作博。

二年冬十月。遷二都於室地一。是謂二秋津宮一。
二十六年春二月。立二姪押姫一為二皇后一。
七十六年春正月。立二日本根子彦太瓊一。為二皇太子一。
百二年春正月。帝崩二於秋津宮一。時年百三十七歳。秋九月。葬二于玉手丘上陵一。

孝霊天皇

孝霊天皇者。孝安帝皇子也。母押姫。天足押国人女也。
元年春正月。太子即位。尊二皇后一為二皇大后一。
二年春二月。立二細女一為二皇后一。遷二都於黒田一。是謂二廬戸宮一。
三十六年春正月。立二彦国牽尊一。為二皇太子一。
七十二年秋八月。秦徐福来二于日本一。
七十六年春二月。帝崩二於廬戸宮一。時年百二十八歳。

孝元天皇

孝元天皇者。孝霊帝皇子也。母細媛。磯城縣主女也。
元年春正月。太子即位。尊二皇后一為二皇太后一。
四年春三月。遷二都於軽地一。是謂二境原宮一。
六年秋九月。先帝葬二于片岡馬坂陵一。
七年春二月。立二欝色姫一為二皇后一。

○年―紀になし。紀立太子算出百三十七歳。紀略・水鏡・愚管抄百三十七歳とす。記作百二十三歳。

○女―紀作媛。天書孝元天皇条作媛。

○遷都―紀では先帝の崩御の後、同年（孝安天皇百二年）十二月に遷都され、本書の遷以下十字と同文あり。

○七十二年―紀この条なし。史記始皇本紀二十八年（孝霊天皇七十二年）に「遣二徐市一（略）」、後漢書の倭条に「秦始皇遣二方士徐福一（略）遂止二此州一」とあり。

○年―紀になし。紀の立太子の御年より算出すれば百二十八歳。記百六歳。紀略百十歳。水鏡百三十四歳。愚管抄百二十八歳。

・二―諸本作六。六は二と誤写されやすさによりて、紀二に記すをもとに改む。
。年―紀になし。紀立太子算出百十六歳。記五十七歳。紀略・水鏡・愚管抄・神皇正統記作百十七歳。

。六年―本書この次に五年条があり、順序逆なれど、諸本かくあるを以て、あえて改めず。

。年―紀作百十五歳。同立太子算出百十一歳。記作六十三歳。紀略百十三歳。


。天以下十四字―紀作「百姓流離、或有㆓背叛㆒。其勢難㆓以㆑徳治ム之。」

。秋以下十六字―紀では天照大神と倭大国魂神を天皇の大殿の内に並祭されてきたのを改め、天照大神を笠縫邑に祭ったとある。

。薙草―副本・御巫本作草薙。

。詔以下七字―紀になし。古語拾遺に「至㆓于磯城瑞垣朝㆒（略）令㆓斎部氏（略）更鋳㆑鏡造ル剣。」とあり。


二十二年春正月。以㆓稚日本根子太日々皇子㆒為㆓皇太子㆒。

五十七年秋九月。帝崩㆓于境原宮㆒。時年百十七歳。冬十一月。太子即位。

開化天皇

開化天皇者。孝元第二皇子也。母欝色姫。欝色雄命妹也。

元年春正月。尊㆓皇后㆒為㆓皇太后㆒。冬十月遷㆓都於春日㆒。是謂㆓卒河宮㆒。

六年春正月。立㆓伊香色姫㆒為㆓皇后㆒。

五年春正月。先帝葬㆓于劔池島上陵㆒。

二十八年春正月。立㆓御間城入彦皇子㆒為㆓皇太子㆒。

六十年夏四月。帝崩㆓于卒河宮㆒。時年六十一歳。冬十月。葬㆓于卒河上陵㆒。

崇神天皇

崇神天皇者。開化帝第二皇子也。母伊香色姫。大辺蘇杵女也。

元年春正月。太子即位。尊㆓皇后㆒為㆓皇太后㆒。春二月。立㆓御間城姫㆒為㆓皇后㆒。

三年秋九月。遷㆓都於磯城㆒。是謂㆓瑞籬宮㆒。

五年天下疾疫。人多夭死矣。

六年天下饑饉。死充㆑衢。亦興㆓盗賊於諸州㆒。秋九月。安㆓置 於天照太神并薙草劔別殿㆒。詔更鋳㆓造劔鏡㆒矣。

七年春二月。帝幸㆓于神浅茅原㆒。卜㆓問八十諸神㆒。祭㆓神祇㆒。定㆓大社国社及神地神戸一。国内漸平也。

八年夏四月。以二高橋活目一。為二掌酒一。

九年夏四月。隨二神人之誨一。祭二墨坂大坂神一。

十年秋九月。始置三将軍於二東海・西海・北陸・丹波道一。是謂二四道将軍一。令レ平二遠夷一。

十一年。帰二遠国悉於皇化一朝貢。

十二年春三月。始校二人民一。更科二調役一。

十七年秋七月。詔二諸州一。多造二船舶一。便二行歩一矣。

四十八年夏四月。立二活目尊一為二皇太子一。

六十二年秋七月。開二池溝一。勤二民農事一。冬十月。詔造二依網池及苅坂池一。便二耕作一。

六十五年秋七月。外国捧二貢物一来朝。

六十八年冬十二月。帝崩二于瑞籬宮一。時年一百二十歳。明年八月。葬二山辺道上陵一。

天書巻第三終

天書巻「之」第四

垂仁天皇

垂仁天皇者崇神帝第二子也。母皇后御間城姫。

◦海―紀作道。
◦三―紀作九。
◦詔―池溝を開く詔、紀では七月。
◦苅坂池―紀には同年十一月紀に「作二苅坂池又折池一」とあり。紀の冬十月紀は、「冬十月、造二依網池一」とあるのみ。
◦外国―紀作任那。
◦年―紀に同じ。紀立太子算出百十九歳。記百六十八歳。
・之―底本・副本・林崎本・御巫本 この字あり。当巻尾題及び前後の例にこの字なし。衍なるべし。
・帝―底本作天皇。副本・御巫本及び前後の例により改む。

元年春正月丁丑朔戊寅。天皇即位。帝時年四十一歳也。

二年春二月辛未朔己卯。立二狭穂姫一為二皇后一。冬十月都遷二纒向一。天皇行幸而見二地形一。是曰二珠城宮一也。

三年春三月。新羅王之子来朝。名曰二天日槍一。献二葉繁玉・足高玉・鳥加々・赤石玉・出石小刀・出石鉾・赤鏡・熊神籬等宝物一。詔賜二播磨国出浅邑・淡路島宍粟邑之二邑一住二居之一焉。

四年秋九月丙申朔戊戌。皇后兄狭穂彦謀反。狭穂姫為レ后純恭也。帝愛レ之甚深也。后兄狭穂彦馮二籍妹后之勢一。肆驕広大也。然不レ厭有下奪二帝位一危二国家一之意上。於レ是私謂レ后曰。汝兄与レ夫孰重レ之。皇后不レ知二其所レ問之意一。輒対曰。重レ兄也。故狭穂彦悦レ之。自二袖中一出二小刀一授レ后曰。夫以レ寵事レ人。色衰寵止。今天下好レ色人蓋多。各進争求レ寵。汝一朝之寵。何為二終久一矣。吾思。今汝幸レ君如二氷山一。皎日既出得レ無二共所レ恃乎。願為レ我弑レ帝。永富共レ貴。亦不レ快哉。皇后心畏恐。有二諫レ兄之情一。然兄之志深決。敢不レ可レ諫也。故受二其小刀一蔵二袖中一俟レ時矣。

五年冬十月己卯朔。帝幸二来目一在二高宮一。時終日宴楽。帝枕二皇后膝一午睡。於レ是皇后思《オモヘラク》焉。兄所レ謀是時也。哀不レ知二所如《センスベヲ》一。即涙下落二帝面一。帝則驚寤。問二其故一。后不レ得レ匿二子細一兄叛心奏曰。妾従二兄之志一則背二帝之恩一。進退極而血泣涕溢。沾二帝面一矣。帝聞レ之曰。是非二汝罪一也。発レ兵撃二狭穂彦一誅レ之。皇后亡レ兄悲自殺矣。

○年—紀になし。崩御の御年（紀・本書ともに百二十歳）から算出すれば四十二歳。崇神天皇二十九年紀の降誕記事より算出すれば四十一歳。

○天以下八字—紀になし。

○加—副本・御巫本作如。

・々—諸本作乃。紀に「鵜底鹿」とあり。今意改。

○磨—副本・御巫本作摩。

○出以下三字—紀によるに後出の宍粟邑と逆なり。

○宍—副本・御巫本作完。

○申—紀作戌。

○戌—紀作申。

○弑—副本・御巫本作殺。

○志—副本・御巫本作忠。副本傍書作志

○極—副本になし。

。歳以下三字―紀では同年九月の詔中に見ゆ。

。也―副本・御巫本なし。

七年秋七月己巳朔乙亥。和州当麻邑有二悍士一。号二蹶速一。其性果毅而膂力勝レ人。平日語レ人曰。天下亦有二敵レ我之力一。冀遇二強力者一得レ争二膂力一。于レ時有二出雲国在レ勇士一。号二野見宿祢一。帝聞召レ之捔レ力。宿祢遂踏二殺蹶速一。帝賞二宿祢一留レ洛使レ仕二於朝廷一矣。

十五年秋八月壬午朔。立二日葉酢姫一為二皇后一。

二十三年冬十月乙丑朔壬申。誉津別皇子。歳三十。視レ鳥始有レ言矣。

二十五年春三月丁亥朔丙申。建二天照太神祠於勢州一。以二皇女倭姫一為二御杖一奉レ之矣。

二十六年秋八月戊寅朔庚辰。帝詔二物部十千根大連一遣二於出雲国一。令レ検二納神宝一也。

二十八年冬十月丙寅朔庚午。帝母弟倭彦命薨。至二十一月一葬レ之。使二近臣数十輩生二埋陵域一。数日不レ死。昼夜泣吟。帝聞レ之不レ耐二悲愁一詔曰。以二生人一令二殉死一雖二古礼一何用レ之。即詔而止レ之。

三十年春正月己未朔甲子。帝詔二五十瓊敷命・大兄彦尊一。言以二其所レ願事一也。兄命曰。願掌二兵権一。弟命曰。願嗣二父王位一。於レ是随二其願一以二兄命一授二兵権一。以二弟命一立為二皇太子一也。

三十二年秋七月甲戌朔己卯。皇后日葉酢姫薨。於レ是野見宿祢奏。取レ土以作二人馬及種々物一献レ之。帝大悦。是立二后墓一易《カフ》二生人一。帝厚賞二宿祢功一改レ姓賜二土師一。

三十四年春三月乙丑朔丙寅。有二山背国美人一。帝聞レ之行幸視レ之。遂娶二彼女一生二皇子一。

三十五年秋九月。令下諸国開二溝池一勤上レ農。百姓大富。天下平也。

三十九年十月。帝詔二五十瓊敷命一令レ掌二石上神宮種々神宝一矣。

八十七年春二月丁亥朔辛卯。五十瓊敷命年既老矣。於レ是以二物部連十千根一易レ命令レ掌二石上神宝一矣。

八十八年秋七月己酉朔戊午。詔覧下新羅王子天日槍所二来献一神宝上。使レ蔵二石上神宮一也。

九十年正月丹馬物上奏曰。西海有レ国。名号二常世一。其国有二神仙香菓一。請往求レ之。二月庚子朔。帝詔使レ物求レ之矣。

九十三年春二月壬戌朔乙酉。五十瓊敷命薨。帝詔厚葬レ之矣。

九十九年秋七月戊午朔。帝崩二於纏向宮一。于時年百四十歳。冬十二月癸卯朔壬子。葬二於菅原伏見陵一。

景行天皇

景行天皇者垂仁帝第三子也。母后日葉酢姫。丹波道主王女也。垂仁帝三十七年立為二皇太子一。于時年廿一歳也。

元年春三月辛未朔壬午。丹馬物果帰献。眷二恋垂仁一拝レ陵。泣奏曰。臣承二帝令一。遠使二絶域一。蹈二瀾万里一。渡二遙弱水一。因レ是往還自経二十歳一。臣物果面眷恋

○七—副本・御巫本作八。紀作七。
○八以下三十二字—釈紀十に載す。
○九以下四十一字—釈紀七に載す。
○馬—諸本作波。釈紀所引天書及び後出（景行天皇元年三月条）に馬とあるによりて改む。紀作田道間守。記作多遅麻毛理。
○奏曰—釈紀作言。
○其国—釈紀なし。
○仙—釈紀この下に之の字あり。
○菓—副本・御巫本作巣。
○之—釈紀になし。
○庚子—釈紀なし。
○帝詔—釈紀なし。
○矣—副本・御巫本なし。
○九以下二十四字—紀になし。
・年—底本作寿。副本・御巫本年に作る。前後の例を参照して副本・御巫本により改む。紀作「時年百卌歳」。記作「御年一百五十三歳」。
○元以下百六十一字—釈紀十に載す。
○元—釈紀作二。紀に、垂仁天皇崩御の九十九年の「明年」とあり、景行天皇元年に当る。
○渡—釈紀作度。
○果—釈紀になし。

◦夫以下十三字—釈紀に載す。
◦原—釈紀作厚。
◦陛—副本・御巫本作階。
◦果—釈紀なし。
◦陛—副本・御巫本作階。
◦世—釈紀この下に之の字あり。
◦菓—副本・御巫本作巣。
•厚—諸本作原。釈紀により改む。
•顙—諸本作類。釈紀により改む。

◦戌—紀作寅。
◦日—副本・御巫本作目。

◦聞—副本この下に之の字あり。

◦十—紀作十一。

◦三—紀作二。
◦豊前—紀作碩田国。延喜式・和名抄に、豊後国速見郡とあり。

•田—諸本作目。紀によりて改む。
◦與—副本・御巫本作興。
◦動—副本・御巫本作勲。

死罪。夫常世国者神仙所レ託。非二俗之臻一。昊天若原二陛下之霊一。得二往而覔一。果来與奉。伏願陛下宗廟之霊。降命下眷。為レ臣収二採常世国非時香菓一。臣《ノ》蒙《リ》厚重雖レ生無レ益。自誓。臣之魂精追而奉レ献。不レ任二恋眷一。稽顙自誓。誠惶誠恐死罪死罪。俯匐啼泣。拜レ陵與レ死。景行哀二其忠一。果勅葬二陵辺一。秋七月己巳朔己卯。太子即位。

二年春三月丙戌朔戊辰。立二播磨稲日大郎姫一為二皇后一。一日同胞而雙生。帝異レ之。以二第一一号二大碓尊一。以二第二一号二小碓尊一。且帝嬖妾甚多。皇子皇女惣八十餘人。皆悉被レ封二於国邑一。

三年春二月庚寅朔。遣二屋主武雄心命於紀伊国一。令レ祭二諸神祇一矣。

四年春二月甲寅朔甲子。帝幸二美濃一。有二其国美人一。聞召レ之。名曰二乙姫一。帝欲二得為一レ妃。乙姫固辞。易以二其姉八坂入姫一。即為レ妃。生二七皇子一。冬十月。都遷二纒向一。曰二日代宮一。

十三年。熊襲謀二反日州一。不二朝貢一。冒二州縣一。掠二略彊界一。於レ是帝親帥レ師討レ之。冬十月。皇師到二豊前国速見邑一。邑長速津媛。迎二車駕一奏曰。此山有二大石窟一。曰二鼠石窟一。有二数寇一。一曰レ青。一曰レ白。三曰二打猨一。四曰二八田一。五曰二国麻呂一。此五寇。強力暴逆。集レ衆逆レ命。於レ是帝権《リニ》造二行宮于来田見邑一。以居レ之。乃與二衆臣一相議曰。今衆兵動討レ之。畏隠二山野一。必為二後愁一。不レ如二急襲一レ之。擇二猛卒一襲レ軍。急迫二青白二寇一。不レ能二防戦一。皇軍進悉殺二其黨一。皇師倍乗レ勝。直撃二八田於禰疑野一。又破レ之。打猨窮降参。帝不レ免。衆類皆投二

。謂以下十七字―日向国風土記逸文（釈日本紀八）に、「謂二左右一曰。此国地形直向二扶桑一。宜レ号二日向一也」とあり。

朔―紀この下に癸卯の二字あり。

廿以下七十字―釈紀十に載す。
東以下四字―釈紀になし。
国―釈紀作者。
其―釈紀この下に々の字あり。恐らくは衍。
上―釈紀作々。
壌―諸本作攘。釈紀によりて改む。

洞谷一而死。豊州大定焉。十一月。皇師到二日向一。起二行宮一居レ之。数日又欲レ討二熊襲一。時帝其敵甚強。而其鋒不レ可レ向愁。時一臣進曰。梟師有二二女一。容貌端正心貧。宜二重レ幣召一レ之。納二麾下一伺二其消息一。犯二不意一必為レ功矣。帝然。則重レ幣。欺招二其二女一。通二姉女一偽寵レ之。於レ是姉女帝奏曰。陛下勿レ愁二熊襲不一レ服。妾為レ謀レ之。願假二悍士一二一。斬二父首一献。帝悦許焉。姉女皈レ家使三官兵伏二賊営之間一。遂設二毒酒一。令レ飲二己父一。殺レ之。官兵進屠二残黨一。九州悉平。時帝悪二姉女不孝甚一。斬レ之示レ衆矣。

十七年春三月戊戌朔己酉。幸二子湯縣一。時帝遠望レ東。謂二近臣一曰。此国直向二於扶桑一。名レ之謂二日向国一。

十八年春三月、自二日向一将レ帰二京師一。巡二狩筑紫国一。泊二於葦北小島一。時召二山部小左一。令レ進レ水無レ水。小左仰レ天祈レ之。忽水従レ岸涌。故名曰二水島一。于レ時筑後御木有二異木一。長九百餘丈。遂僵《タヲレヌ》。帝聞レ之覧。有二老翁一奏曰。此木者歴木也。未レ僵之先。朝則隠二杵島山一。夕覆二阿蘇山一。帝詔曰。此神木也。

十九年秋九月甲辰朔癸卯。帝自二日向一帰二京師一。

二十五年秋七月庚辰朔。遣二武内宿祢於北陸及諸国一。為二行巡案察将軍一。令レ窺二地形並民風俗一矣。

廿七年春二月辛丑朔壬子。行巡察将軍武内宿祢殉二海陸一。来奏曰。東夷中有二日高見国一。所謂天府也。其地沃壌。其賊上上。今與レ倭接レ壌。独擅二山東之利一。尅レ身割レ面。被レ裘髻レ髪。自称二蝦夷一。宜二撃取一レ之矣。秋八月。西州賊叛。大

○容以下九字―紀になし。
•帥―諸本作師。紀によりて改む。
•群―底本作郡。副本傍書作群。これによりて改む。
○詣―副本・御巫本作請。
○冬十一月―紀作是歳。

掠二国内一。冬十月丁酉朔己酉。帝令三小碓皇子征二西州一。皇子時十六歳。容貌麗美。身長一丈。聡明有二大略一。督レ兵到二于九州一。時賊将河上梟帥。與二群黨一宴。於レ是解レ髪作二童女姿一。蔵二劔於懐中一。入二川上宴席一。交二居女間一。川上感二皇子容姿一。携レ手揚レ盃。献酬無レ笑。夜深川上酔臥。於レ是尊抜レ劔刺二川上一。于レ時未レ死曰。汝何者耶。尊答曰。帝之子也。川上歎曰。吾是西州強士。未三甞見二如レ君之人一。自レ今名宜レ称二日本武尊一。言訖乃死。尊《ノ》兵進討二餘類一。西州悉平定矣。

二十八年春二月乙丑朔。日本武尊。自二西州一帰二京師一。奏下平二熊襲一之状上。帝悦異愛矣。

四十年夏六月。東夷大起。無二朝憲一。鈔二邑縣一。帝欲下遣二大碓皇子一征中東国上。然皇子性愚弱。恐逃二隠草中一不レ応レ命。於レ是以二日本武一拜二征夷将軍一。使二吉備武彦。及大伴武日連一。為二副将一。尊衆兵統発二京都一。帝自以二斧鉞一授レ尊曰。朕聞。夫東夷也性暴悪。村邑無二長首一。相略貪二封堺一。東夷之中。蝦夷尤強。男女交居。父子無レ別。冬宿レ穴。夏則住レ樔。衣レ毛飲レ血。昆弟相疑。登レ山如レ鳥。地行如レ豹。故往古以来。未レ服二皇化一。今汝勇輙平レ之矣。慎思憑レ勇勿レ怠。威以レ武懐以レ徳。尊受レ之。発二京師一。枉レ路。詣二伊勢一。拜二神宮一。時倭姫以二宝劔一授レ尊曰。此劔努々勿レ離二汝身一。即拜受。佩レ之東趣。冬十一月。尊率レ兵到二于駿州浮島野一。賊塞レ道欲レ拒二皇師一。時尊聞二強略一相議曰。皇子勇武輙難レ敵。即降参。欺レ尊曰。此野鳥獣尤多。可レ為二遊猟《ス》一。尊乃入レ野而猟。賊放レ火焼レ野。

窮原枯艸《ニシテ》焔烟迅飛。尊被レ欺知。抜レ劔薙二拂尊前艸一。以レ燧《ヒウチ》打レ火焚二賊後一。賊見二火起一散乱。尊遂脱レ害。自レ是進直入二奥州一。到二蝦夷之地一。蝦夷観二王師之勢一。敢不レ戦謝レ罪。尊俘二其首賊一。東州悉定。冬十二月。尊還レ兵。経二常州一到二甲州一。時信越未レ従二皇化一。尊聞レ之。過二武州・上州一。登二碓日嶺一。望二視東州一曰。吾嬬。自レ是呼二山東諸州一号二吾嬬一矣。初尊東征。到二于相州一。航欲レ転二上総一。時暴風忽起。王船漂蕩不レ可レ渡。於レ是尊《ノ》愛妾橘姫奏曰。今逆風起《リ》船将レ没。是必海神之祟也。願以二妾之身一。贖二尊命一。言訖入レ海。即暴風忽止。船著レ岸。自レ是尊甚有下慕二橘姫一之情上。故発二此語一也。

四十一年。尊平二信越之賊一。還出二尾州一。娶二宮酢姫一。留亦久。時有二淡海伊吹山賊一。尊聞既赴レ之。即所レ佩以二神劔一。授二宮酢姫一曰。吾帰二京師一。必令二人迎一レ之。以二此剣一為レ証焉。大伴建日諫曰。此劔不レ可レ授。自不レ佩レ之而何輙除二伊吹之凶賊一乎。尊叱曰。縦有二悪神一。挙レ足蹈二殺之一。遂徒行登レ山。悪神化二大蛇一道蟠《ワダカマル》。尊蹈過之時。山中陰暗赤霧満二四方一。尊迷失レ道。意如レ酔。漸出二山中一求レ泉飲漸醒《サム》。然所レ觸二蛇毒一甚痛。苦行還二尾州一。亦移二勢州一。到二于能褒野一。疾病不レ能レ起。遣二武彦於京一復命。遂薨二勢州一。時三十歳。帝甚哀惜。詔厚葬二於勢州能褒野一矣。

五十一年春正月壬午朔戊子。帝宴二群臣一五日。時稚足彦尊・武内宿祢両人未レ候二宴庭一。帝召問レ之。奏曰。其宴楽之日百官衆寮皆在二戯遊一。不レ存二国家一。若有二狂賊一伺二不意一歟。故臣等備二侍門下一。帝聞甚悦。倍寵レ之矣。秋八月。立二

○冬以下四字―紀になし。

○四以下四字―紀になし。即ち、紀では四十年是歳に係けている。

○即以下六十七字―熱田太神宮縁起に「其後語二宮酢媛一曰。我帰二京華一必迎二汝身一。時近習之人解レ剣授曰。宝二持此剣一為二我床守一。即大伴建日諫曰。此不レ可レ留。何者承聞前程吹山有二暴悪神一。若非二剣気一。何除二毒害一。日本武尊高言曰。縦有二彼暴神一。挙レ兄蹴殺。遂留レ剣上レ道。」とあり。

○能―副本・御巫本作態。

○時三十歳―紀になし。

○能―副本・御巫本作熊。

○群―副本・御巫本作郡。

稚足尊一為二皇太子一。以二武内宿祢一為二棟梁之臣一。初宿祢生与レ上同日。幼敏識奇才也。為レ人有二王佐之器一。帝甚寵レ之。故令レ掌二国政一矣。

五十二年夏五月甲辰朔丁未。皇后薨。秋七月癸卯朔己酉。立二八坂入姫一為二皇后一。

五十三年秋八月丁卯朔。帝不レ止下顧二日本武一之意上。詔二衆臣一曰。父愛レ子人情之常。朕亦暫無レ忘二小碓尊一。乗輿幸二勢州一。入二東海一巡二行諸州一。覧二小碓尊所レ平之国一。十二月。還幸。興二行宮於勢州一居六年。

五十四年秋九月辛丑朔己酉。自二勢州一還二幸和州一。居二纒向宮一。

五十五年春二月戊子朔壬辰。以二彦狭島王一為二東海道十五国惣郡都督一。不レ著レ任卒。百姓愁哀如二子亡一。葬二於上州一。

五十六年秋八月。以二御諸別王一替二彦狭島王一為二東海都督一。

五十八年春二月辛丑朔辛亥。帝幸二淡海一居六年。是謂二高穴穂宮一。

六十年冬十一月乙酉朔辛卯。帝崩二於江州穴穂宮一。時年一百四十。葬二倭山辺路上陵一。

成務天皇

成務天皇者景行帝第四子也。母皇后。曰二八坂入姫一。八坂入彦王ノ女也。景行帝四十六年立為二太子一。年二十四歳。

元年春正月甲申朔戊子。太子即位。

○海—紀作山。
○海—紀作国。
○六—紀作三。
○年—紀作一百六歳。立太子年令二十一歳（紀・天書とも）から算出すれば百四十三歳。記百三十七歳。水鏡百三十三歳。神皇正統記百四歳。神皇正統録百四十歳。
○子—副本・御巫本作辰。

○令以下九字―紀に、「令二諸国一。以国郡立二造長一。縣邑置二稲置一。」とあり。

○年―紀作一百七歳。記作九十五歳。即位前紀に景行天皇四十六年歳二十四で立太子とある（書紀・天書、両書とも同じ）ことから算出すると、崩御は九十八歳となる。水鏡百九歳、愚管抄・神皇正統記百七歳、神皇正統録百八歳。

○年―紀にも三十一歳とあり。

二年冬十一月癸酉朔壬午。尊二皇后一為二皇太后一。

三年春正月癸酉朔己卯。始置二大臣ノ官一以二武内宿祢一任レ之矣。

四年春二月丙寅朔。帝詔二国郡縣邑一。立二長首一都二掌之一。擇二当国之幹了一任レ之。

即令二諸州一。置二農守一定二長吏一。賜二矛楯一為レ表。隔二山河一分二国縣一。隨二阡陌一以
別二邑里一。於レ是百姓殷富。天下安泰也。

四十八年春三月庚辰朔。立二甥足仲彦一為二皇太子一。

六十年夏六月己巳朔己卯。天皇崩。時年一百八歳。

明年九月。葬二倭州狭城盾列陵一。

天書巻第四終

天書　巻第五

仲哀天皇

仲哀天皇者日本武尊第二子也。母皇女両道入姫命。垂仁帝女也。成務帝四十八年立為二太子一。時年三十一歳。成務帝無二皇子一。故立為二嗣君一也。

元年春正月庚寅朔庚子。太子即位。尊二母皇女一曰二皇太后一。冬十一月乙酉朔帝父日本武薨。至二于葬一化二白鳥一昇レ天。衆臣驚開レ棺見レ之。空衣而無二屍骨一焉。於レ是時人皆謂。日本武化二白鳥一。帝聞レ之私思。願獲二白鳥一養レ之。易下慕二父王一之意上。視レ之欲レ慰二哀情一。即詔二諸州一令レ貢二白鳥一。閏十一月乙卯朔戊午。越

後国貢二白鳥四隻一。其鳥貢使宿二菟道辺一。時帝異母弟見別王視二白鳥一問レ之曰。越人答曰。帝恋二父王一将レ養レ之。故貢レ之。王曰。雖二白鳥一焼レ之黒焉。乃奪レ之持去。越人詣二京師一訟。帝怒三帝王無二敬父之意一。遣レ兵誅レ之矣。

二年春正月甲寅朔甲子。立二気長足姫一為二皇后一。后幼而聡明。形容麗。故帝甚寵レ之矣。春二月癸未朔戊子。帝幸二越州角鹿一。興二行宮一居レ之。是謂二気比宮一。三月癸丑朔丁卯。帝巡二狩南州一。今歳熊襲叛不二朝貢一。帝将レ討レ之。故発二紀州一。浮レ海幸二長州一。遣二使於越前一。勅二皇后一「勅」曰。当下従二其津一発会中于此上。夏六月辛巳朔庚寅。皇后従二角鹿一到二長州一相会。秋九月興二行宮於穴門之地一。是謂二豊浦宮一也。

八年春正月己卯朔壬午。帝幸二筑紫一居二橿日宮一。與二衆臣一議討二熊襲一。時有レ神。託二皇后一曰。帝何憂二熊襲不一レ服乎。是膂之空国也。豈挙レ兵伐レ之乎。有下愈二茲国一之寶国上。金銀彩色多有二其国一。是謂二新羅一。帝若能祭レ吾不レ費レ力其国必服。帝聞二神教一有二未レ信レ之意一。則登二高山一遙望。時大海曠遠不レ見レ国。於レ是帝疑曰。朕周望有レ海無レ国。豈於二空處一何有レ国乎。誰神徒誘レ朕。且我皇祖代々盡祭レ之。豈有二遺神一耶。神亦託二皇后一曰。如二天津水影一押伏而我見レ之。何輙誘レ之乎。帝誹二誘我言一。若強撃二熊襲一必敗焉。然帝尚不レ信。

九年春正月。帝集二衆臣一討二熊襲一議。武内宿祢諫曰。熊襲勢強大。兵卒如レ雲聚。未レ可二輙挙レ兵討一レ之。然帝不レ聞進戦。春二月癸卯朔丁未。帝熊襲所レ射中二毒矢一崩矣。時年五十二歳。皇后與二武内宿祢一議。不レ発二帝喪一。詔二衆臣一曰。

○曰―副本・御巫本になし。紀に「視二其白鳥一而問レ之曰、何處将去白鳥也」とあり。
○而―副本・御巫本になし。
・勅―副本・御巫本になし。衍なるべし。
○襲―副本・御巫本この下に之の字あり。
○之―紀この上に宍の字あり。
○正月―紀この条なし。
○年―記紀にも五十二歳とあり。

○帥—副本・御巫本・林崎本作師。

○就—副本・御巫本この上に既の字あり。衍なるべし。

○倭—紀作神。
○剛以下六字—紀になし。
○兵—紀作神兵。

若天下聞二帝之崩一有二不慮之変一。則領二百寮一令レ守二営中一。竊収二帝屍一遣二大臣武内一遷二長州一殯二于豊浦宮一。

神功皇后

神功皇后者開化帝曾孫。気長宿祢女也。母高額姫。仲哀帝二年立為二皇后一。

元年春三月。皇后帥レ兵撃二熊襲及凶賊熊鷲等一。悉平竟。西州大定矣。夏四月后将レ討二新羅一。卒二衆軍一到二肥州松浦川一。后臨レ川而誓曰。我今将レ討二宝国一。有レ成レ事獲レ魚。挙レ釣投レ之。則獲レ魚矣。后喜。亦到二橿日浦一解レ髪臨曰。我自欲二西征一。若有レ験滌レ髪自分。即洗レ之髪分。喜謂二衆臣一曰。吾雖二婦女一親執二斧鉞一。易レ帝定二西州一。今亦随二神教一将レ求二宝国一。若事就衆臣共レ功。若不レ就独有レ罪。其共議レ之。衆臣頓首奉レ詔。時后当二産月一。即誓曰。今当下振二甲兵一渡二険浪一整二艫船一覓二宝国一之時上。願事終還日彦二於此地一矣。冬従二和珥津一発レ船。順風颺レ帆。海神守二皇船一。不レ労二櫨楫一。即到二新羅一。旌旗連レ天。金鼓震レ地。新羅王遙望曰。吾聞東有二倭国一。剛勇健武無敵。必為二其国兵一。拒レ之不レ能レ勝。不レ若二是降参一乎。即仰二皇船一叩レ頭乞レ命曰。従レ今以後。不レ乾二船柂一毎年朝貢。皇后乃赦レ之。高麗・百済二王。新羅既聞二倭降一。詣二軍営一曰。永称二西蕃一不レ絶二朝貢一。於レ是三韓悉服。皇后即還二軍於日本一。冬十二月戊戌朔辛亥。生二誉田皇子於筑紫一。

二年春二月。誉田皇子之兄麛坂《カゴサカ》王・忍熊王謀反。欲レ殺二皇子及皇后一。時麛坂

。年―応神天皇即位前紀に、「皇太后摂政之三年立為二皇太子一〈割注年時三〉」とあり。帝王編年記四歳とす。

。州―副本・御巫本作前。

。八―紀作九。

。百済―紀作卓淳国。

。熊―紀作千熊。

。五以下九六字―紀になし。扶略に「五十年庚午二月、始造二路駅一」とあり。

王・忍熊王到二播州一備二甲兵一待二皇師一。時麛坂王為レ獣喰殺矣。忍熊王驚退屯二摂州一。皇后聞二忍熊王謀反一。詔二大臣武内一懐二皇子一横出二南海一経二紀州一詣二摂州一。皇后会二於日高一。此時日食。昼暗数日也。春三月皇后遣二大臣武内等一撃二忍熊王菟道一。武内誘約レ和率レ兵討二不意一。忍熊大敗奔二瀬多一自殺矣。冬十月癸亥朔甲子。尊二皇后一為二皇太后一。

三年春正月丙戌朔戊子。立二誉田皇子一為二皇太子一。時年四歳。

五年春二月癸卯朔己酉。新羅朝貢。

十三年春二月丁巳朔甲子。先帝霊祭二之越前一。号二気比太神一。今年詔二大臣武内一属二太子一赴二越州一。令レ拝二先帝之廟一。

三十八年秋七月。皇后使二於魏一令レ窺二異国之地形并民之風俗一矣。

四十年冬十月。魏使来二於日本一。

四十六年春三月乙亥朔。遣二斯摩宿祢於百済一。違二誓約一問下不二朝貢一之罪上矣。

四十七年夏四月。百済国遣レ使令二朝貢一。五月新羅国進二朝貢一。百済貢物少且賤。后問レ之。調使曰。臣等始迷レ道到二新羅一。然彼国奪二其貢物半余一。故今如レ此。后聞レ之怒遣二熊長彦於新羅一令レ問二其虚実一矣。

四十九年春三月。皇后遣二皇兵於新羅一責下犯二朝貢一之罪上。新羅請レ和捧二貢物一。

五十年夏四月。詔二於諸州一作二駅路一便二行旅一。

五十二年秋九月。百済国朝貢。

六十二年春三月。新羅不二朝貢一。遣レ軍撃レ之矣。

○六以下十字―紀になし。帝王編年記に「六十五年乙酉晋世祖武帝泰始元年也。受二禅于魏一即位。」とあり。この年は晋の泰始元年（二六五年）に当り、晋建国の年である。
○皇以下六字―紀になし。晋書四夷伝に「泰始初遣使重譯入貢。」とあり。（但し、これは晋起居注にいう泰始二年の貢献に相当する。）
○時―紀に「時年一百歳」とあり。
○冬以下十九字―紀になし。
○三―副本・御巫本作二。紀作三。
○余―紀になし。
○詔―紀作招。

六十五年。晋廃二魏玉一自立。皇后遣レ使詢レ之。

六十九年夏四月。皇太后崩。時年一百十二歳。冬十月戊午朔壬申。葬二狭城盾列陵一。冬十一月。新羅・百済・高麗共聞二皇后之崩一皆朝貢。

応神天皇

応神天皇者仲哀帝第四子也。母神功皇后也。皇后討二新羅一還。十二月産二於筑紫一。幼而聡明深思。動容沈止有二聖表一。太后三年立為二太子一。

元年春正月。太子即位。

二年春三月庚戌朔壬子。立二仲姫一為二皇后一。

三年冬十月辛未朔癸酉。蝦夷進二朝貢一。役令レ作二厩坂路一。十一月百済国王無レ礼不二朝貢一。帝怒遣二紀角宿祢等一責レ之。国人殺レ王謝レ罪。

五年冬十月。従二豆州一貢二大船一。長十余丈。

六年春二月。帝幸二江州一。巡二見国邑一。

七年秋九月。新羅・高麗・任那等悉朝貢。

九年夏四月。遣二大臣武内於筑州一令レ窺二民之風俗一。于レ時武内弟甘美内以二其虚一私譏曰。我兄常有下奪二帝位一之意上。今在二筑州一私謀レ之。詔二三韓一令レ朝レ己。遂必為二叛逆一。帝驚遣二使於筑州一召二武内一。爰武内廻二南海一詣二京師一。訴二無罪一。帝未レ信。兄弟争二是非一不レ決。帝詔於二磯城河辺一置二大釜一。令二武内兄弟探湯一。而試二其真偽一。武内勝レ之。請甘美内欲レ殺レ之。帝詔許レ之矣。

○経以下六字……紀になし。

十三年春三月。使レ遣召二日州美人髪長姫一。秋九月髪長姫到二京師一。遣二皇子鵜鷀一視レ之。深感。帝知レ之以二髪長姫一賜二皇子一。

十四年春二月。百済国貢二裁縫女二人一。

十五年秋八月。百済国貢二博士阿直岐及経傳・竹帛・彩色・良馬一。阿直岐能読二経典一。皇子稚郎子師レ之。帝詔二阿直岐一曰。有《リヤ》二勝レ汝者一。答有下謂二王仁一者上。帝遣レ使召二王仁一。

十六年春二月。王仁従二百済一来朝。皇子稚郎子亦師《トシテ》習レ之矣。

十九年冬十月戊戌朔。帝幸二吉野一。時国櫟《クズ》人献二美酒一矣。

二十二年秋九月辛巳朔丙戌。帝幸二淡路一。転到二備州一遊二小豆嶋一。

二十八年秋九月。高麗遣レ使朝貢。以二上表一。表中有二無レ礼文一。稚郎子読レ之大怒。以二表状一投レ地。挙レ足踏レ之矣。

三十一年秋八月。以前献レ従二豆州一大船経レ年朽腐。帝詔二新羅一覓二良匠一。以二彼朽木一始作レ琴矣。

卅七年春二月戊午朔。帝遣二使於呉一求二縫織工女一。到二高麗一問レ之。高麗副レ導。而到二呉国一矣。呉王令レ渡二四人工女於日本一。

四十年春正月辛丑朔戊申。帝常愛二季《スヘノ》皇子郎子一。勝二其兄大山守及大鷦鷯一。故立有下為二太子一之意上。即召二二皇子一問曰。汝等長與レ少孰愛レ之乎。大山守答曰。長最貴焉。帝不レ悦。鷦鷯尊預三察帝之情一曰。弟最愛レ之。帝悦以二郎子一為二太子一。以二鷦鷯尊一為二太子之佐一矣。

◦年―紀一百一十歳、記一百三十歳、扶略・水鏡・愚管抄百十一歳とあり。尚、書紀の立太子の年令より算出すれば、百十一歳となる。
◦四以下十字―紀になし。仁徳天皇八十七年仁徳天皇を百舌鳥野陵に葬っている。記によると、「御陵在川内恵賀之裳伏岡也」とあり、延喜諸陵式に「恵我裳伏山岡陵」と記されている。
◦四以下七字―紀になし。
◦之―副本になし。御巫本は底本により補っている。
◦四―紀作四。応神天皇紀及び記によるに、額田大中彦皇子・大山守皇子・去来真稚皇子についで第四皇子である。
◦年―記紀になし。本書に御年を百四十三歳としているから、逆算すれば五十七歳となって矛盾しない。

四十一年春二月甲午朔戊申。帝崩㆓于明宮㆒。時◦年百十一歳。

◦四十二年。帝葬百舌野陵㆒。

◦四十三年夏六月。初㆓応神帝崩㆒太子郎子譲㆓位於大鷦鷯尊㆒曰。夫君㆓宇宙㆒治㆓庶民㆒如㆓天地㆒以㆓仁徳㆒使㆓於下㆒。百姓欣然天下安泰也。今我弟。且不肖。何敢嗣㆓帝位㆒登㆓天業㆒乎。兄王者風姿聖表仁孝。且齢長。当㆑為㆓天下之君㆒。先帝立為㆓我《ヲ》太子㆒。只思愛矣。何其依《ラン》㆓賢愚㆒乎。冀兄王君㆓天下㆒受㆓日嗣㆒。然不㆑聞㆓鷦鷯皇子㆒曰。皇位者天下◦之重事。先帝何有㆓溺愛㆒乎。選㆑徳立㆑嗣。豈棄㆓先帝之命㆒。輙従㆓弟王之願㆒乎。固辞不㆑受。各相譲。当㆓此時㆒鷦鷯皇子在㆓於難波㆒。太子在㆓於菟道㆒。空位三年。天下大憂迷。於㆑是太子豫不㆑奪㆓兄王志㆒知自死。鷦鷯皇子哀哭。乃以㆓其屍㆒葬㆓於菟道山㆒矣。

天書巻第五終

天書　巻第六

仁徳天皇

仁徳天皇者応神帝第◦四子也。母皇后仲姫。五百城入彦皇子孫也。時◦年五十七歳。

元年春正月丁丑朔己卯。大鷦鷯皇子即位。

二年春三月辛未朔戊寅。立㆓磐野姫㆒為㆓皇后㆒。

・橋―底本及び諸本播に作る。紀によりて改む。

四年春二月己未朔甲子。帝幸二葛城一。登二高樓一観二烟気不一レ起。察二民之窮一。詔二諸州一。赦二課役三年一。帝居不レ葺二滴雨《アメモルトモ》一。不レ改レ崩二門垣一。坐而視二星辰一。不レ新レ壊二帝衣一。専施以二質倹一。民間富饒也。

七年夏四月辛未朔。帝亦昇二高樓一。下望二民間一。欣烟倍繁。帝喜。秋八月奏二諸州民之豊一。請レ修理二宮殿一。帝尚不レ免矣。

十年冬十月。顚三倒朽二壊宮殿一。帝始科二課役一。造二宮室一。諸州民如レ雲集。不レ幾《イクバクナラ》悉成就矣。

十一年冬十月。治二攝州之水一築レ堤。開二農圃一。得二懇田一四萬餘頃。

十二年秋七月辛未朔癸酉。高麗貢二鉄的一。秋八月庚子朔己酉。詔饗《ス》二高麗使一。時帝令下盾人宿祢所レ献之鉄的射上レ之輙徹《タヤスクトヲル》。高麗使驚畏矣。

十三年秋九月。詔始建二茨田穀倉一。冬十月掘二輪丹池一。築二横野堤一。

十四年冬十一月。・橋《ハシワタス》二猪鹿居津一。潤二河水上下鈴鹿一。得二田四萬餘頃一。

十六年秋七月戊寅朔。帝召二桑田清姫一。欲レ為レ妃。皇后不レ可。遂止矣。

十七年。不レ朝二新羅一。遣レ使責レ罪。則貢二金銀・布帛・彩色一。以謝レ罪。

二十二年春正月。帝納二八田皇女一欲レ為レ妃。皇后不レ可《ユルサ》。故止矣。

三十年秋九月乙卯朔乙丑。皇后遊二紀州熊野一。帝窺二其虚一。納二八田皇女一為レ妃。皇后聞甚妬矣。

三十一年春正月癸丑朔丁卯。立二去来穂別《イサホワケ》皇子一為二皇太子一。

三十五年夏六月。皇后薨矣。

三十七年冬十一月。皇后葬二奈羅山一。

三十八年春正月癸酉朔戊寅。立二八田皇女一為二皇后一矣。

三十九年夏五月。帝令二諸州一。令レ献二菖蒲一。

四十年春二月。帝欲下納二雌鳥皇女一為上妃。使二弟隼別皇子一為レ媒。隼別密通二雌鳥一。而久不レ申二復命一。帝怒使二吉備雄鯽《ヲフナ》等一討レ之。隼別大驚伴《トモナヒ》二雌鳥一逃二伊勢一。及二蒋《コモ》野一誅伏ス。

四十一年春。遣二紀角宿祢於百済国一。令レ検《カンカヘ》二諸蓄一。

四十三年秋九月庚子朔。依網屯倉阿弭古《アビコ》始献レ鷹。帝幸二百舌野《モス》一。放レ鷲捕レ雉。

五十三年。不レ調二新羅一。夏五月使二竹葉瀬田道《タヂ》一撃レ之。虜《トリコニシテ》二四邑民一帰矣。

五十五年。蝦夷叛。帝使二田道一撃レ夷。田道大敗死。従者葬レ之帰。蝦夷倍《マス〱》起掘二田道墓一、時有二大蛇一。出テ咋《クロフ》レ夷。悉被ル二蛇毒一。

五十八年夏五月。帝殿南林生二連理木一。冬十月呉国高麗朝貢。

六十年冬十月。出二白鹿一。

六十二年夏六月。遠州有二連理木一。大キサ十囲余。帝詔即自二南海一運二難波一。令レ造レ船。同月額田皇子猟二于闘雞《ツケ》一。得レ氷献レ之矣。

六十五年。有二飛州異賊一。一身二面手足各四。剛力而四手各働。不レ随二皇命一。帝使二武振熊一殺レ之矣。

六十七年冬十月。帝幸二河州一。覧《ミソナハス》二陵地一。其野有二鹿死一。而自レ耳飛二出百舌鳥一。因其野号二百舌野一。

七十八年夏四月。大臣武内薨。歴二六帝一。年三百有余歳。

八十七年春正月。帝崩二難波宮一。冬十月葬二百舌野一。時年百四十三歳。

履中天皇

履中天皇者仁徳帝第二子也。母磐長姫。葛城襲津彦ノ女也。仁徳帝三十一年立為二太子一。時ニ太子未二即位一。以二羽田矢代宿祢女黒姫一欲レ為レ妃。将二択レ日迎一レ之。時太子弟仲皇子誘犯二黒姫一。太子聞レ之甚怒。仲皇子畏レ罪。将レ殺二太子一。興レ兵囲レ宮。近臣等佐二太子一避レ宮。仲皇子不レ知。而縦《ハナチ》レ火二於宮一。太子自二河州一越二難波一入レ倭。到二於石上振神宮一。招二官兵一。太子弟瑞歯別追到二於此處一。太子疑不レ謁。皇子誓曰。僕無二叛心一。為ニ必ズ殺二仲皇子一。太子則副二木兎宿祢一而遣焉。皇子詣二難波一。喚二仲皇子近臣一。私謀令レ弑二皇子一得レ首。即日臻二於石上一而献レ之。於レ是太子謁二皇子一。敦《アツク》賞二其功一矣。

元年春二月壬午朔。太子即二位於和州磐余一。是謂二稚桜宮一。秋七月立二黒姫一為二皇后一。

二年春正月丙午朔己酉。立二瑞歯別皇子一為二太子一。冬十月都遷二和州磐余一。

三年冬十一月。帝到二新都一。與二皇妃一遊宴。詔二諸州一庭中多植二桜樹一。是号二稚桜宮一。

四年秋八月辛卯朔戊戌。帝詔選二四方文人一。始置二史官於諸州一。録二事言一。冬十月令レ掘二石上溝池一。

○年―紀に御年を記さない。記には八十三歳とある。紀及び天書が帝の崩御を仁徳天皇八十七年とするので、記の説と立場を異にする。扶略は百十歳と記す。
○二―紀に太子とあり。仁徳天皇紀及び記によるに、仁徳天皇の皇子は、履中天皇・住吉仲皇子・反正天皇・允恭天皇の順に記され、履中天皇は第一皇子と考えられる。
○必―文意からいえば、もとこの上に汝の字ありて、必と汝の字形似たるによりて脱落したものか。
○兎―紀作菟。姓氏録に平群木兎宿祢とあり。
○弑―副本・御巫本作殺。

五年春三月戊午朔。筑紫宗肩神有レ祟二于臥内一。帝禱不レ礼。秋九月乙酉朔壬寅帝西ニ巡狩。幸二淡路一。癸卯有レ声曰。太子皇妃等薨。帝不レ求。時有レ人曰皇妃薨。天駕帰二和州一。冬十月甲寅朔甲子。葬二皇妃一。帝悔二神祟一。則卜レ之曰。車持君到二筑州一検二校車持部一。是ノ祟也。帝詔止レ之奉二於神一。

六年春正月癸未朔戊子。立二幡梭皇女一為二皇后一。三月壬午朔丙申。帝崩二於磐余稚桜宮一。冬十月己酉朔壬子。葬二百舌陵一。時年七十歳。

反正天皇

反正天皇者仁徳帝第三子也。履中帝同母弟也。履中帝二年立為二太子一。皇子生而有二亀歯一法非レ常。及レ沐有二泉涌出一。虎杖《イタドリ》花並出二泉中一。名曰二瑞歯大聖一。

元年春正月丁丑朔戊寅。太子即位。秋八月甲辰朔己酉。立二木事女津野姫一為二皇后一。冬十月都遷二河州丹比一。是謂二柴籬宮一。

二年秋八月。大風倒レ家抜レ木。損二田畠一事亦夥《ヲビタヽシ》矣。帝詔免二其年課役一。散二粟数万石一施二窮民一矣。

四年春三月。巡二幸於中州一。察二民之情一。試二県主之是否一焉。

五年冬十二月。行二幸河州一。当二還幸之時一。帝忽染レ病。

六年春正月甲申朔丙午。帝不レ愈二于旧疾一而崩。時年六十歳。秋九月葬二百舌野陵一。

○五以下二十二字―釈紀十二に載す。
○臥―副本作臥。
○帝―釈紀作上。
○礼―釈紀作祀。
○秋以下二十九字―釈紀十二に載す。
○帝―釈紀作上。

○年―紀・旧紀に同じ。記六十四歳と記し、扶略六十七歳と記す。

○三―仁徳天皇紀及び記によるに第三皇子なり。
○弟―副本・御巫本作第。
○皇以下二十九字―釈紀十二に載す。
○子―釈紀になし。
○大聖―紀作天皇。

○二年―記紀この条なし。

○四年―記紀この条なし。
○五年―記紀この条なし。
○六―紀では諸本の多く六に作るも文意により五に訂し、六年は空位とするのが一般的である。
○甲―文意に従えば、戊申朔であり、甲申朔は五年正月である。六か甲かいずれかを訂さねばならず、六を五に訂すれば、本書では五年冬十二月の記事との記載順に支障をきたす。
○年―紀には御年を記していない。記・旧紀六十歳と記す。

○四—仁徳天皇紀及び記によるに第四皇子なり。
○弟—副本・御巫本作第。
○年—本書後出の崩御の御年より算出すれば三十九歳となる。
○未—副本・御巫本作末。
○冬以下六十八字—釈紀十二に載す。
○帝以下八字—釈紀になし。
○帝—釈紀作天子。
○共所—釈紀作所共。

允恭天皇

允恭天皇者仁徳帝第四皇子。反正帝同母弟也。先帝崩無二御子一。於レ是郡臣将下以二皇子一即中帝位上。時皇子辞曰。吾多レ病難レ居二大任一。且不肖。何臨《ヅ》二帝位一耶。先帝故不レ尊レ吾。夫天下者大事也。帝位者鴻業也。冀《クハ》卿等選二賢良一。宜レ立二寡人一。何敢受。群臣再三請而不レ止。皇子尚不レ免。

元年冬十二月。皇子妃大中姫。皇子不レ納二群臣之諫一。憂二帝位之空一。即素服《ニシテ》入《リテ》諫二皇子一。終日不レ退。皇子猶辞不レ納。于レ時厳冬之季《スヱ》。寒風烈《ハゲシ》。天含二霜雪一。大中姫不レ堪レ寒将レ死。皇子驚而従レ諫。大中姫大喜則謂二群臣一曰。皇子将レ納二群臣之諫一。於レ是群臣即捧二天璽一謝レ之焉。皇子遂即二帝位一。時年三十八歳。

二年春二月丙申朔己酉。立二大中姫一為二皇后一。

三年春正月辛酉朔。帝既雖レ登二帝位一。病未レ快。於レ是詔覔二諸州良医一。尚不レ得。仍遣二使於新羅一。求二良医一。秋八月来二朝新羅良医広高子一。帝令レ療レ病。不レ幾即愈矣。帝厚賞レ医帰二於新羅一。

四年秋九月。諸人失二己《レガ》姓一認二高氏一。群卿百寮諸国造等皆言。帝皇裔《ハッコ》或天降。不レ知二其実一。冬十月帝憂二姓氏紛乱一。即詔立レ壇請レ神。并設二盟釜一。帝命二力者一使二天下一共所レ知虚《ナル》者一人投二入釜中一。挙二其屍梟一殉二于四民人一。投二実一人一以レ釜示レ之。百姓大恐二其験一。未レ向二盟釜一皆悉定矣。

五年秋七月丙子朔己未。地大震。顚二倒于宮殿一。此月玉田宿祢集二衆兵一叛矣。

帝詔遣二皇兵一誅レ之矣。

七年冬十二月。皇后ノ妹弟姫《ヲトヒメ》容姿無レ比《タグヒ》。艶色徹レ衣而外ニ達ス。故時ノ人号二衣通姫一。帝聞レ之喚レ之。時ニ通姫與レ母在二于江州坂田。畏二皇后之妬一不レ応レ命。然帝強召レ之。通姫雖二固辞一遂不レ聞。而随レ命至二京師一。帝喜欲レ入二後宮一。然憚《ハヾカリ》二皇后之妬一。別構二宮室一而居二藤原一。

八年春二月。幸二于藤原一。

九年春二月。幸二茅渟一。秋八月幸二茅渟一。冬十月幸二茅渟一。

十年春正月。幸二茅渟一。

十一年春三月。幸二茅渟一。詔為メニ二弟姫一定二藤原部一。

十四年秋九月。幸二于淡路一。祠二伊弉諾太神一。

二十三年春三月甲午朔庚子。立二木梨軽皇子一為二太子一。皇子同母妹軽大姫。容色秀麗也。太子繫二心於皇女一。蕩衷而恒念二婚合一。然憚二見聞一未レ言レ之。感情益盛。遂奸二皇女一。

二十四年夏六月。帝膳羹《シル》凝以作レ氷。帝恠《アヤシンデ》使二卜者一占レ之。奏曰有二内乱一。蓋骨肉相奸乎。在二一臣一曰。太子奸二妹皇女一。帝驚推二問之一。果実也。群臣負二罪於皇女一謫二于豫州一。

四十二年春正月乙亥朔戊子。帝崩。時年八十歳。冬十月葬二于河州長野陵一。今歳朝二貢新羅一。弔二帝之崩一。冬十二月初二帝崩一欲レ即二レ位太子一。時以レ有二淫虐一群臣不レ従。百姓乖離。皆欲レ立二穴穂皇子一。太子聞レ之密設レ兵。将レ殺二穴穂皇子一。

◦十以下十六字―釈紀十二に載す。
◦秋以下三字―釈紀になし。
◦幸―釈紀この上に行の字あり。
◦于―釈紀になし。
◦伊以下五字―紀作嶋神。
◦太―釈紀作大。
◦午―副本・御巫本作子。紀作午。
◦年―紀に年若干と記す。扶略八十歳とし、記・旧紀七十八歳とす。

皇子復備レ兵待レ之。太子豫密不レ従二群臣一。奔二物部宿祢大前一。宿祢進二太子自殺一。於レ是皇子即位。

天書巻第六終

天書　巻第七

安康天皇

安康天皇者允恭帝第二皇子也。母皇后大中姫。二岐皇子女也。

元年春正月。以二皇后一為二皇太后一。遷二都於和州石上一。是謂二穴穂宮一。春二月帝為二兄皇子大泊瀬一。欲レ聘二大草香皇子妹幡梭皇女一。使二根使主一請レ之。皇子対曰。今陛下不レ嫌二其醜一而召レ之甚幸也。即以二押樹珠縵一納為二信契一。時使主見二珠縵麗一盗帝不レ献。詐奏曰。敢不レ随レ命。帝信レ讒使三兵殺二皇子一。以二皇女幡梭一配二大泊瀬皇子一。

二年春正月。立二草香皇子妻中帯姫一為二皇后一。

三年秋八月甲申朔壬辰。帝幸二于山宮一。終日宴楽。熟酔枕二皇后之膝一寝矣。草香皇子児眉輪王松ニ伺《ウカヾヒテ》而刺二殺之一。有レ人即告二大泊瀬一曰。帝為二眉輪王一見ル、レ弑。皇子大驚。疑二諸兄一推二問之一。斬二皇子白彦一。於レ是皇子黒彦恐レ害。與二眉輪王一逃走。匿《カクル》二圓《ツブラノ》大臣之宅一。大泊瀬大ニ怒興レ兵。囲二大臣宅一。縦《ハナチ》レ火。大臣與二皇子黒彦眉輪王一焼二殺之一矣。冬十一月癸未朔先帝欲下愛二市辺皇子一伝上レ国。

。二―紀は、本文で第二皇子といい、一云で第三皇子という。允恭天皇紀及び記には、第二皇子が境黒彦皇子で、安康天皇は第三皇子となっている。
・太―底本作大。副本・御巫本により改む。
。押以下四字―釈紀十二に載す。
。樹―紀作木。
・珠―諸本作玉。後例及び釈紀所引天書により改む。紀作珠。
・主―底本作王。副本・御巫本により改む。
・梭以下七字―底本・林崎本になし。副本により補う。
・皇―副本・御巫本作王。今意改。
。弑―副本・御巫本作殺。

竊《ニ》附二属後事一。大泊瀬恨レ之。誘《テ》為二遊猟一射二殺之一矣。十一月壬子朔甲子皇子大泊瀬即位。遷二都於泊瀬一。是謂二朝倉宮一。

雄略天皇

雄略天皇者允恭帝第一皇子也。安康帝同母兄也。帝為レ人勇健暴強。種々有二妄行一。仍時人名曰二大悪天皇一。

元年春三月庚戌朔壬子。立二幡梭皇女一為二皇后一。

二年秋七月。帝《ノ》幸妃池津姫密《カニ》通二于石河楯一。帝聞レ之大怒。詔磔《ハリツケニス》二夫婦一矣。冬十月辛未朔癸酉幸二于吉野一。為二遊猟一多獲二鳥獣一。冬十月先帝葬二于菅原伏見陵一。

三年夏四月。阿閇臣譏二皇女栲幡《タクハタ》一。密《ニ》通二廬城《イホキ》部武彦一。帝怒殺二皇女及武彦一。

四年春二月。帝幸二于葛城一。逢二一事主神一。

五年春二月。幸二于葛城一為二遊猟一。有レ猪喰二帝之股一。帝挙レ足踏二殺之一矣。

六年春三月。帝詔二皇后及諸妃一。執二桑葉一令レ勤二蚕業一。夏四月呉国朝貢。

七年秋七月甲辰朔丙子。詔レ蠃《スガル》献二御衆《ミムロ》山太神一。蠃捁《トワヘ》二太神一。捉二大蛇七丈余一献覧。秋九月拜《コトヨサシ》二吉備上道田狭一為二任那国司一。亦奪二田狭妻稚《ワカ》姫一為二女御一。

八年。高麗挙レ兵討二新羅一。新羅救《ヲ》請《フ》二日本《ニ》一。

九年夏五月。帝遣二小弓宿祢韓子《アヤコ》宿祢・小鹿比宿祢等一撃二新羅一。朝兵大敗帰。

十二年冬十月。詔始営二雲楼一。

○一―紀作五、允恭天皇二年紀によると、木梨軽皇子・境黒彦皇子・安康天皇・八釣白彦皇子・雄略天皇の順である。紀に従い改むべきである。

○詔以下二十字―釈紀十二に載す。
○太―釈紀作大。
○捁―釈紀この上に手の字あり。
○太―釈紀作大。
○捉―釈紀作蠃手捁。釈紀のこの個所には衍入のあること新訂増補国史大系釈日本紀に指摘されている。
○十以下十一字―釈紀十二に載す。
○詔―釈紀になし。
○始―釈紀作初。
○営―釈紀この下に干の字あり。

•朔―諸本になし。紀によりて補う。

。秋以下十八字―釈紀十二に載す。

。年―紀に御年を記さず。扶略九十三歳に作り、記・旧紀百二十四歳とある。

。弑―副本・御巫本作殺。

。二―紀作三。第三のこと確認できないが、磐城皇子が兄の一人であるから、第二皇子以上である。


十三年秋八月。播州之賊誅《ス》二大石小麻呂《ヲ》一。

十四年春正月丙寅朔戊寅。呉国遣レ使献二漢織呉織及衣縫女一。帝居二呉使於石上一。遣二根使主一饗レ之。時帝密令三人察二使主装餝一。使者復曰、根使主所レ著玉縵最美。帝即召レ之。皇后視レ人曰。此玉縵昔妾兄隨二先帝之勅一。献二妾於陛下一之時。所レ進物也。帝驚推二問之一。不レ能二陳謝一。帝怒誅レ之矣。

十五年夏五月。大旱。

十六年秋七月。詔二諸州一。選二宜土地一令レ殖レ桑。

十八年秋八月。有二伊勢国一賊一。曰二朝日郎一。長《ジ》二射芸一。不レ従二皇命一。遣二物部兎代及目連一誅レ之。

二十年冬十月。高麗発レ兵伐二新羅一。

二十一年春三月。帝遣レ兵救二新羅一。

二十二年春正月己酉•朔。以二白髪皇子一為二皇太子一。。秋七月丹波人水江浦島子入二海龍宮一。得二神仙一。

二十三年秋八月。帝崩二于大殿一。時。年九十二歳。冬十月太子将二即位一。帝幼子星川皇子欲下弑。二太子一登中帝位上。即取二大蔵官一備レ兵。将レ為レ乱。官兵囲二大蔵一殺二星川皇子一。

清寧天皇

清寧天皇者雄略帝第二。皇子也。母《ハ》葛城韓姫皇子。生而首髪悉白《シ》。有二異相一。故。太―諸本作大。文意により改む。

。仕―副本・御巫本作任。

。年―記紀・旧紀御年を記さず。扶略に三十九歳とあり。

。十―紀作十一。

。薨―紀は崩とあり、天皇に準ずる扱いであるが、本書は皇女としての扱いである。

曰二白髪天皇一。

元年春正月戊戌朔壬子。太子即位。遷二都於和州磐余一。是謂二甕栗宮一。尊二葛城韓姫一為二皇太夫人一。冬十月先帝葬二于丹比高鷲陵一。

二年冬十一月。始行二新嘗会一。

三年夏四月乙酉朔辛卯。立二億計王一為二皇太子一。億計王者履中帝孫市辺皇子児也。初皇子市辺為二雄略帝一被レ害。時有二二子一。兄曰二億計王一。弟曰二弘計王一。避二難於播州赤石郡一。改レ字号二丹波小子一。仕二于縮見屯倉長細目一。於レ是歴二年月一。或時播州司来目部小楯適《タマ〳〵》至二于細目之家一。細目喜饗レ之。時弘計王語二兄億計王一曰。顕レ名当二今宵一。億計王曰。顕レ名見レ害与二全レ身免一レ害孰宜乎。弘計王曰。吾是《レハ》天皇之孫何欝々困任レ人。飼二牧牛馬一耶。不二レ若顕レ名被一レ害。億計王曰。然。汝宜レ謀レ之。弘計王固辞再三相譲。兄王不レ聞。遂任二弟王一。小楯至二酒酣《タケナハニ》一。細目呼二弘計王一歌舞。時有二歌中可レ怪之言一。小楯不二会得一。亦令レ唱レ之。弘計王唱《フルニ》以《テス》二履中之孫市辺之子一。小楯大驚。離レ席再拝頓首。自馳《テ》詣二京師一奏レ之。帝喜曰。朕無レ子。可二以為一レ嗣。遣二小楯一持レ節迎レ之。則立二億計王一為二太子一。以二弘計王一為二皇子一。秋九月壬子朔癸丑詔使二臣連於諸州一。巡二察民之風俗一。冬十月詔天下停二止犬鳥器翫之献一。

四年秋八月丁未朔。帝親録二囚徒之数一。此月蝦夷内附二天下一懐二皇徳一矣。

五年春正月甲戌朔己丑。帝崩二于甕栗宮一。時年四十二歳。冬十月飯豊皇女薨。皇女者太子之姉也。帝崩太子与二弘計皇子一譲位不レ處久矣。於レ是皇女漸執二国政一。冬十二月飯豊姫薨《ジテ》無下執二国政一之人上。於レ是太子謂二衆臣一曰。凡天下者有レ功者可二以保一。吾今居《ルハ》二尊貴一皆弟之謀也。願以二天下一譲二弘計王一。即立二弘計王一将レ嗣二天位一。弘計王曰。弟何先レ兄乎。且先帝之命也。固辞不レ受。然太子強譲レ之。弘計王恐レ逆二兄意一。即受二天璽一。

顕宗天皇

顕宗天皇者履中帝子市辺皇子児也。母荑姫。蟻臣女也。帝久有二辺鄙一。故為レ人仁恵温恕而能知二民之情一。察二人之労苦一民《ニ》不レ請二課役一。故天下皆仰二其徳化一。

元年春正月己巳朔。弘計王即位。遷二都於和州八釣宮一。立二難波小野姫一為二皇后一。赦二天下一。二月戊戌朔壬寅帝幸二于江州一。尋二市辺皇子一求二遺骨一。莫三能知者一。時有二一人老嫗一知レ之。帝喜得二遺骨一。興二陵於蚊屋野一。還二于京師一。厚賞二老嫗一矣。夏四月丁酉朔丁未詔二来目部小楯一司二山林一。冬十一月葬二先帝於河州坂門原陵一。

二年春三月。帝幸二于庭苑一為二曲水宴一。秋八月己未朔帝詔二太子一曰。吾父無レ罪而雄略帝殺レ之。朕欝憤盈《ツ》レ胸。願《クハ》開二其陵一。鞭レ骨散二其恨一。太子諫曰。雄略帝者中興之君也。吾父雖二皇子一不レ登二帝位一。且雄略帝者先帝之父也。陛下非二先帝之恩一争《イカデカ》臨二帝位一耶。帝善《ヨシトシテ》二其諫一而止。

三年夏四月丙辰朔庚辰。帝崩二于八釣宮一。時年三十八歳。

◦子―当系譜の記載法は古事記の記載方法である。書紀の記載法に従えば、孫とあるべきか。

•荑―諸本作萸。紀及び書紀所引の譜第作荑。これによりて改む。

•坂―諸本作杉。紀及び延喜諸陵式によりて訂す。

◦鞭以下五字―紀「擢レ骨投散。」と記す。

◦年―紀に御年記さず。記は三十八歳とし、扶略四十八歳とする。

○坏—紀作杯。記作坏。

・瓮—諸本作允。記により訂す。

○年—記紀・旧紀に御年の記載なし。扶略五十歳と記す。

○時—副本・御巫本になし。

○第七皇子—紀作太子。仁賢天皇紀及び記によると仁賢天皇の御子は一男六女であり、従って武烈天皇は第一皇子である。

仁賢天皇

仁賢天皇者顕宗帝同母兄也。清寧帝二年夏四月立為二皇太子一。清寧帝崩而以二帝位一譲二顕宗帝一。為二《タルコト》皇太子一如レ旧《モトノ》矣。

元年春正月辛巳朔甲寅太子即位。遷二都於石上一。曰二広高宮一。春二月立二春日大郎姫一為二皇后一。冬十月葬二先帝於傍岡磐坏丘陵一。

二年秋九月。先帝之皇后小野姫有レ罪自殺。

四年夏五月。的臣蚊島・穂瓮君為二謀叛一。詔下レ獄。

六年秋九月己酉朔壬子。遣二日鷹臣於高麗一求二番匠一矣。

七年春正月丁未朔己酉。立二小泊瀬稚鷦鷯《ワカサヾキノ》尊為二皇太子一。

十一年秋八月庚戌朔丁巳。帝崩二于広高宮一。時年五十一歳。冬十月己酉朔癸丑葬二于埴生坂陵一。冬十二月太子将レ即二帝位一。時平郡真鳥恣二《ホシヒマヽニス》天下之政一。自欲レ王二《タラント》天下《ニ》一。時太子聘二物部大連麁鹿女影姫一。曽姧《ル》二真鳥《ノ》男鮪《ニ》一。故拒二太子之命一。太子怒挙レ兵討二真鳥及鮪一。而遂誅レ之。於レ是太子即位。遷二都於泊瀬列《ナミ》城宮一。

天書巻第七終

天書　巻第八

武烈天皇

武烈天皇者仁賢帝第七皇子。母春日郎姫。雄略帝皇女也。帝為レ人暴悪而修二一善一。諸酷刑無レ不二親覧一。故名曰二暴悪皇帝一。元年春三月丁丑朔戊寅。立二皇后一。二年秋九月。帝御二庭苑一割二孕《ハラメル》婦一視二其胎内一。

三年冬十月。解《ハナチ》二人指爪一令レ掘二薯蕷《イモ》一。亦令三人握二猛火一。

四年夏四月。帝使三人昇二樹巓一。以レ鎗突レ之。

五年夏。令二人入二堤《ツヽミノ》樋一。以レ矛刺二殺之一。

七年春二月。令二人昇レ樹。帝親以レ弓射二殺之一。夏五月大伴連金村深憂二帝之暴悪一諫レ之。帝不レ聞。

八年春三月。為二女ヲ裸《ハダカニ》一令二牽レ馬牝《ツルマシム》レ之。是時帝有二種々悪行一。穿レ池《チ》起レ苑。而好二田猟一。忘二百姓之労苦一。国民大畏懼。海内離散矣。冬十一月有レ人竊ニ刺二帝ノ於正寝ヲ一。十二月壬辰朔己亥。帝崩二于列城宮一。時年六十一歳。

九年。帝崩而無レ嗣。於レ是大伴大連金村等相議。遂男大迹《オホト》皇子迎二於越前一。欲レ即二帝位一。

継体天皇

継体天皇者応神帝五世孫。彦主人子也。母振姫。垂仁帝七世孫也。帝為レ人仁恵愛レ衆愍《アハレミ》レ民。尤有二聖表一。先帝崩而無レ子。故群卿相議シテ帝ヲ遠ク迎二於北越一。帝至二于京師一。群臣捧二天皇之璽符一再拝。帝深譲レ之。然不レ許推即位。

元年春二月辛卯朔甲午。男大迹皇子即位。詔使三民勤二耕蚕之業一。春三月庚申朔

○暑—諸本作著。紀によりて改む。
○亦以下六字—記紀に記載なし。
○以鎗突之—紀「斮二倒樹本一。落二死昇者一。」と記す。
○堤—紀作塘（イケ）。
○夏—夏五月の条、記紀に見えざるが、当時このように諫言できる人物はといえば、大伴金村をおいてほかにないであろう。
○国以下十字—記紀に記載なし。
○冬—冬十一月の条、記紀にない所伝である。十二月八日の崩御の原因に関係するように思われる。
○年—記紀・旧紀に享年を記さない。扶略・水鏡・愚管抄十八歳とし、帝皇編年記・皇胤招運録五十七歳と記す。

○髪—紀作香。記作髪。
○坏—紀作杯。記作坏。
○城—紀作背。延暦十三年八月、山背を山城と改む。
○使—紀作遣。
○年—紀・旧紀・扶略八十二歳とし、記四十三歳とする。

甲子立二手白髪皇女一為二皇后一。

二年冬十月辛亥朔癸丑。葬二先帝於磐坏丘《ノ》陵一。

三年春二月。遣二使於百済一矣。

五年冬十月。遷二都於山城筒城一。是謂二筒城宮一。

六年冬十二月。百済朝貢矣。

七年夏六月。百済貢二五経博士段楊爾一。十二月辛巳朔戊子立二勾《マカリ》大兄皇子一為二皇太子一。

十二年春三月丙辰朔甲子。遷二都於弟国《ヲトクニ》一。

二十年秋九月丁酉朔己酉。遷二都於磐余玉穂一。

二十一年。筑紫磐井叛掠《カスム》二九州《ヲ》一。帝與《トモニ》二諸臣一相議。使二物部麁鹿火将《トシテ》レ兵撃レ之矣。

二十二年冬十一月甲寅朔甲子。大将物部大連卒レ軍與二磐井一戦二筑紫御井郡一。磐井戦《ヒ》屈《シテ》伏《ス》レ誅《ニ》。

二十三年。使三近江毛野臣使二安羅国一。

二十四年春二月。詔二諸州一挙二廉節之士一。

二十五年春二月。帝病《ヌ》。譲二位《ヲ》於広国押武皇子一。即日崩二于玉穂宮一。時年八十二歳。冬十二月葬二于藍野陵一。

二十六年。空位。

二十七年。空位。

安閑天皇

安閑天皇者継体帝第一皇子。母ハ目子姫。尾張連草香ノ女也。継体帝七年立為二皇太子一。

元年春正月。押武皇子即位。遷二都於和州勾金橋一。是謂二勾金橋宮一。春三月癸未朔戊子立二仁賢帝之皇女山田姫一為二皇后一。

二年春正月。天下宴七日。大ニ為二天下之喜一矣。冬十二月癸酉朔己丑帝崩二于勾金橋宮一。時年七十一歳。此月葬二于旧市高屋陵一。

宣化天皇

宣化天皇者継体帝第二子也。安閑帝ノ同母弟也。安閑帝崩而無レ嗣。故群卿相議奉二即位一。為レ人慈仁有二識量一。愛レ民能救二饑寒一。

元年春三月。広国押楯皇子即位。遷二都於檜隈廬入野一。是謂二廬入宮一。春三月壬寅朔立二仁賢帝女橘仲皇女一為二皇后一。夏五月辛丑朔詔シテ修二造諸州屯倉一。収二蔵穀稼一。蓄二積諸粮一備二凶年一。

二年冬十月壬辰朔。新羅寇二于任那国一。帝使三狭手彦救二任那一。狭手彦往救二任那一。亦救二百済一。

四年春二月乙酉朔甲午。帝崩二于廬入宮一。時年七十三歳。冬十一月葬二于花鳥坂ノ陵一。

・目―底本作月。副本作日。書紀目に作るによりて改む。
・香―諸本作委、紀によりて改む。
。七―紀作五。
。年―紀・旧紀・扶略七十歳と記す。
。旧―記・旧紀・扶略・延喜諸陵式作古。紀作旧。
。楯―紀作盾。記・日本書紀私記甲本作楯。
。諸―紀作儲。
。年―紀・旧紀七十三歳とし、扶略七十二歳と記す。
。花―紀この上に桃の字あり。

○皇—紀作嫡。
○髪—紀作香。記作髪。
○排国—紀作天国排開。記作天国押波流岐。

○敷—紀作磯城。記作師木。

○九以下三十五字—釈紀十三に載す。
○波—釈紀作破。
○庚辰—紀になし。庚辰は己卯の翌日なり。
○于—釈紀になし。
○遣以下十九字—紀になき記事なり。
○冬十月—紀は、即位前紀に「及レ至ニ践祚一。拝ニ大蔵省一」と記す。
○五以下四十二字—釈紀十三に載す。
○冬—釈紀になし。
○此—釈紀作是。
•椎—諸本作推。釈紀所引天書及び紀によりて改む。
○一以下四字—紀作一尺余許。釈紀所引天書作一尺。
•便—諸本作使。紀によりて改む。
•便—同前。
•便—同前。
•便—同前。
○秋以下十六字—釈紀十三に載す。
•宮—諸本作官。釈紀所引天書及び紀によりて改む。
○粟—紀作麦種。
○量—紀作上。
○万国—紀作三韓。
○奉—副本・御巫本作来。紀作奉。
○訣—紀作決。
○拝—紀作礼。

欽明天皇

欽明天皇者継体帝皇子也。母手白髪皇女。仁賢帝女也。先帝崩而無レ嗣。故群卿推奉レ即レ位。宣化帝四年排国広庭皇子即位。冬十二月尊ニ皇后一為ニ皇太后一。

元年春正月。立ニ宣化帝皇女石姫一為ニ皇后一。秋七月遷ニ都於和州敷嶋一。是謂ニ金刺宮一。秋九月己卯行ニ幸難波一。庚辰進幸ニ于祝津宮一。遣レ使祠ニ住江神一。賜ニ民《ニ》爵及帛一各有レ差。初将レ征ニ新羅一。冬十月以ニ秦大津父《オホツチ》一為ニ大蔵省《ノツカサ》一。

五年冬十二月。有ニ佐渡島粛慎人泊一。其形如レ鬼。此月同島禹武邑人焼ニ椎子《シヒノミヲ》一欲レ喫。化《シテ》為ニ二人一相闘。長一丈許尺。

六年春三月。百済請ニ援兵於日本一。自レ是前新羅・高麗相共攻ニ百済・任那一連年。故帝遣レ兵救ニ二国一数度。於レ是今月詔ニ膳臣巴提便一遣ニ百済一。及レ還大雪。巴提便共ニ其子一宿ニ百済海浜一。日晩其子忽亡不レ見。暁求《ルニ》有ニ虎足跡一。巴提便乃尋レ跡至ニ虎穴一。虎進欲レ噬。巴提便伸《テ》レ手執ニ虎《ノ》舌一刺ニ殺之一。剝レ皮帰朝。

七年春正月甲辰朔丙午。百済使請レ帰。詔賜ニ良馬布帛一。夏六月壬申朔癸未百済進ニ貢物一。秋七月倭国今来郡民直氏宮得ニ蛇龍一献。

十二年春三月。帝詔以ニ粟一千石一賜ニ百済王一。今歳百済王率ニ新羅及任那加勢一伐ニ高麗一。進取ニ返漢城平壌之地一。

十三年冬十月。百済王献ニ仏像及経論一曰。此法者万法長。能成ニ無量之福徳一。夫遠自ニ天竺一泊《オヨブ》ニ万国一。故今奉レ伝ニ帝国一。時帝未レ訣。即問ニ可《ヤ》レ拝否一。蘇我稲目

奏曰。可レ拝レ之也。物部大連尾輿等諫レ之。帝然《リトシ》。即詔賜二之於稲目一。稲目稽首受《シテ》レ之。則以二向原宅一建レ寺。今歳新羅與二高麗一共罸二百済一。取二漢城平壌一。以二漢城一為二牛頭一。以二平壌一為二弥方一。

十四年夏五月戊辰朔。神樟樹浮二茅渟海一。河内守献レ之。初造二仏像一。遂為二毗蘇山一立レ寺。六月遣二使於百済一。求二医卜易暦等博士并暦卜書種々薬物等一。秋七月辛酉朔甲子帝幸二樟勾宮一。詔二稲目宿祢一以二王辰爾一紀二百済貢物舟数一。冬十月百済発レ兵伐二高麗一大《ニ》破《ル》。

十五年春正月戊子朔甲午。立二太玉敷皇子一為二皇太子一。二月百済貢二暦易医卜薬物博士等一。且請レ救。夏五月丙戌朔戊子内臣率二舟師一救二百済一。今歳百済王為二新羅一被レ殺矣。

十六年秋七月甲戌朔己卯。遣二蘇我大臣稲目宿祢等《ヲ》於備州児島一。置二屯倉一。以二葛城瑞子一為二田令一。

二十一年秋九月。新羅貢物。

二十二年。新羅貢物。其饗減レ常。故使者恨而帰矣。今歳亦新羅貢物。百済亦貢物。有司以二新羅使者一列二百済之下一。於レ是新羅使恨怒而帰レ国告レ之。新羅王怒備レ兵待二皇師一。

二十三年。高麗新羅倶叛。不レ貢二日本一。帝遣二紀男麿・河辺臣等一伐レ之。戦不レ利。河辺臣被レ擒《トリコ》。於レ是帝詔二狭手彦一撃二高麗一。狭手彦打二破之一。進入二王城一悉獲二宝物一帰。冬十月新羅使進二貢物一。

○稽首―紀作跪。
○建―紀作為。
○新以下二十六字―釈紀十三に載す。
○頭―紀この下に「方」の字あり。
○弥―紀この上に「尼」の字あり。
○十以下三十二字―釈紀十三に載す。
○戊以下三字―釈紀になし。
○河内守―紀では、河内国の進言をもとに天皇が溝辺直を遣わされ、溝辺直が海中より取りて献ったとある。
○遂以下七字―紀になき所伝、紀は代りに「今吉野寺放レ光樟像也」と記す。
○ト―紀になし。
○紀―副本傍書して「記イ」とあり。書紀ここを「数二録船賦一」と記す。
○ト―紀になし。
○以以下八字―紀になし。
○亦―紀作復。
○十―紀作十一。

○廿以下二十六字—釈紀十三に載す。
○京以下六字—紀になし。
○馬—紀になし。
○勅以下九字—紀になし。代りに「転二傍郡穀一以相救。」と記す。
○州—副本・御巫本作前。紀作岸。
○年—記紀・旧紀・扶略御年を記さず。一代要記六十二歳とし、仁寿鏡・皇胤招運録・皇年代略記六十三歳と記す。
○天—御巫本この上に朱筆で頭書して「釈日本紀秘訓三、天書曰新羅遣弔使未叱子失消云々、此書不載、此文不審」と記す。
○拝神祇—紀になし。
○乙丑—紀作壬辰。日本書紀集解、暦より算出して丙戌に訂す。
○壬辰—紀作乙丑。日本書紀集解己丑に改む。

廿八年。郡国大水。京師河難破溢。人馬相食。勅莫レ献ラシムルコト二今年田租調庸一。

三十一年夏四月甲申朔乙酉。帝幸二于泊瀬柴籬宮一。時ニ高麗ノ使者逢二風波一失レ津着二越州一。帝詔召二京師一厚饗レ之。

三十二年夏四月戊寅朔壬辰。帝不レ豫。召二太子一附二後事一。遂崩。時年六十三歳。秋九月葬二于檜隈坂合陵一。

天書巻第八終

天書　巻第九

敏達天皇

敏達天皇者欽明帝第二皇子也。母石姫。宣化帝皇女也。帝為レ人仁孝聡明有二職量一。且不レ信二仏法一拜二神祇一好二文史一。

元年夏四月壬申朔甲戌。皇太子即位。尊二皇后一為二皇太后一。五月壬寅朔詔遣二群臣ヲ相楽館一。検二録高麗貢物一令レ送二京師一。帝執二高麗表一勅召二文史等一令レ読レ之。皆不レ能レ読。時王辰爾読レ之。又高麗表有レ書二烏羽一。文字黒不レ能レ読。王辰爾乃蒸《ムシ》レ羽印《オシ》レ帛読レ之。帝感二其材一令レ近二侍左右一矣。

二年夏五月。高麗ノ使者漂二着越海一。破レ船人多溺死。帝勅遣レ人送レ之。

三年冬十月戊子朔丙申。遣二蘇我馬子備州一。増二益白猪屯倉与二田部一。

四年春正月丙辰朔甲子。立二息長真手女広姫一為二皇后一。二月乙丑朔壬辰新羅朝

○御―紀この下に食の字あり。
○律―この下に師の字あるべきか。
○七以下十一字―紀になし。
○釈迦―紀作仏。
○十以下十六字―釈紀十三に載す。
○春以下四字―釈紀になし。
○万―紀作千。

•問撃―諸本作撃問。底本、撃の返点「二」、問の返点「下」となすによりて、今文意から改む。
○聞以下九字―副本なし。御巫本・底本によりて補う。
○恩―副本・御巫本作思。
•三―諸本作五。紀及び前後関係により改む。

○年―記紀・旧紀に御年を記さず。扶略・水鏡・愚管抄二十四歳とし、皇胤招運録・皇年代略記四十八歳と記す。

貢。六月新羅亦朝貢。冬十一月皇后薨。

五年春三月己卯朔戊子。立二御炊屋姫一為二皇后一。

六年冬十一月。百済重献二仏経・禅律・仏像等一。

七年冬十月。詔二天下一令二放生一。

八年冬十月。新羅遣レ使献二釈迦像一
十年春閏二月。蝦夷率二兵数万一冦二于陸奥一。

十一年冬十月。新羅朝貢。不レ納還レ之。

十二年秋七月。帝継二先帝之志一。欲レ興二立任那一。百済ノ日羅賢而聞レ有レ勇。遣二紀押勝于百済一召《サシム》二日羅一。百済惜レ之不二肯聴一。帝重遣二吉備羽嶋一召二日羅一。冬十月日羅来朝。恩率・徳爾等相共来朝。帝使下人《ヲシテ》問中撃二新羅一之慮上。日羅答《ルニ》以二足レ兵足レ食悦レ民。待二民服一備二軍器舟粮一定二一挙之謀一。帝聞善レ之。復多奏二国事一。帝能容二其言一。恩率妬レ之潜謀二徳爾一遂殺二日羅一。帝哀令二厚葬レ之。

十三年秋九月。百済献二弥勒之像一。帝詔賜二馬子一。馬子信二仏法一。師二高麗僧恵便一。造二宅《ノ》東《ニ》仏殿一安二置彼像一。

十四年。天下疫疾大興《ニル》。死者甚多。三月丁巳朔物部守屋等奏曰。陛下不レ聞二臣等之諫一。尊二異国之法一。故疫疾於二天下一流行。是国神之祟也。請早《フ》廃《ク》二斥之一。然疫疾必止歟。帝善レ之。於レ是守屋自向。破二却塔寺一。焼二仏像及経論一。以二灰燼之余一棄二難波江一。深禁二仏法一。夏六月馬子奏再興《シテル》二仏法一。秋八月乙酉朔己亥天皇崩二于大殿一。時年四十八歳。葬二于河州磯長陵一。

○巳―副本・御巫本作酉。紀作巳。
○吾以下六字―紀になし。諸雑事記に「我朝偏依レ為二神国一」とあり。
○於以下十九字―紀になし。
○年―記紀・旧紀・扶略に御年記さず。仁寿鏡に四十八歳とあり、皇年代略記に六十九歳とあり、神皇正統記に四十一歳と記す。
○峻―副本作神。
○峻―同前。
○五―紀作二。旧紀・太子伝略作五。

用明天皇

用明天皇者欽明帝第四皇子也。母堅塩姫。稲目宿祢《ノ》女也。敏達帝十四年秋九月甲寅朔戊午豊日皇子即位。遷二都於磐余一。名《テ》曰二双槻宮一。

元年春正月壬子朔。立二穴穂部間人皇女一為二皇后一。夏五月穴穂部皇子欲レ姧二炊屋姫皇后一。将レ入二殯宮一。馬子宿祢三輪逆《サカシ》等拒《フセイデ》不レ入。皇子怒與二守屋大連一計《テ》。囲二逆之宅一誅レ之。

二年夏四月乙巳朔丙子。帝幸二于磐余河上一。新嘗時病《ミ》還二于宮一。帝詔二群卿一将帰二仏法一。時物部守屋・中臣勝海諫曰。吾国者神国也。何廃二国神一而尊二外国神一。於レ是群卿相議欲レ殺二守屋一。守屋聞レ之備レ兵漸《ク》不レ朝。癸丑帝崩二于双槻宮一。時年四十八歳。秋七月甲戌朔甲午葬二于磐余池上陵一。帝崩《ジテ》無二皇太子一。守屋廃二諸皇子一将レ立二穴穂皇子一。馬子竊謀殺二穴穂皇子一。亦共二諸皇子一将レ殺二守屋一。即嚮二兵於守屋之宅一。守屋備レ兵拒レ之。勢剛強官兵失レ利。厩戸皇子計曰。非《ンバ》レ願必無レ利。乃以レ木造二四天王像一。是以像《ヲ》建二握旗之上一。亦進レ兵與二守屋一相戦。守屋敗績遂為二迹見赤檮一被二射殺一。秋八月癸卯朔甲辰炊屋姫乃與二群卿一相計《リテ》。以二泊瀬部皇子一即二帝位一。

崇峻天皇

崇峻天皇者欽明帝第十五皇子。母小姉君。稲目宿祢女也。帝崩無二太子一。故立《テ》

○冬十月―紀作是歳。
○元興寺―紀作法興寺。別寺説もあるが、通説では法興寺の別称が元興寺。
○北越―紀になし。
○察―副本・御巫本作寮。
○二―紀作一。紀の写本によっては二もあり。紀略・扶略作一。
○弑―副本・御巫本作殺。
○弑―同前。
○弑―副本・御巫本作殺

登二帝位一。

元年春三月。立二大伴糠《ヌカ》手女小手子一為二皇后一。冬十月大臣馬子建レ寺。号二元興寺一矣。

二年秋七月壬辰朔。遣二人於東山・東海・北陸・北越一。巡二察諸州之風俗一。

三年。始大伴狭手彦女等有下為二出家一者数人上。

四年冬十二月己卯朔壬午。帝詔遣二兵数万任那一将レ建レ之。

五年冬十一月癸卯朔乙巳。馬子私遣二東漢直駒一弑レ帝。是日葬二帝於倉梯岡陵一。

此月直駒以レ弑レ帝馬子甚寵。駒誇レ功通二馬子女河上姫一。馬子聞レ之大怒殺レ之。

冬十二月炊屋姫即位。

天書巻第九終

天書　巻第十

推古天皇

推古天皇者欽明帝第九皇女也。用明帝同母妹也。始敏達帝之時立為二皇后一。崇峻帝被レ弑無レ嗣。群臣議推奉レ即レ位。

元年夏四月庚午朔己卯。立二厩戸皇子一為二皇太子一。兼《シム》二国政一。

二年春二月。詔二皇太子及大臣等一。令レ興二隆仏法一。

三年夏四月。有二淡州異木一。浮二水之上一。大《サ》四囲長《サ》丈余。是沈木也。即献二京

○数万—紀作万余。

•斑—諸本作班。文意によりて改む。

○釈迦仏像—紀作「銅繡丈六仏像」。扶略作「金銅丈六尺迦仏像」。

師一。五月戊午朔丁卯高麗僧恵慈来朝。太子師レ之。

四年冬十一月。建二法興寺一。令二高麗恵慈百済恵聡住レ之。

五年夏四月丁丑朔。百済遣二王子一朝貢。

六年秋八月己亥朔。新羅遣レ使献二孔雀一。冬十月戊戌朔丁未自二越州一献二白鹿一。

七年夏四月乙未朔辛酉。天下大《ニ》地震。宮殿民屋悉顚倒。人馬多死。

八年春二月。帝詔救二任那一伐二新羅并高麗一。遣二兵数万一大破《リ》帰朝《ス》。

九年春二月。太子新興二宮室一。是謂二斑鳩宮一。三月新羅亦攻二任那一。帝遣二使於高麗・百済一救二任那一。夏五月連雨降数十日。河水盈二溢宮殿一。冬十一月亦為レ伐二新羅一。

十年春二月。遣二来目皇子一伐二新羅一不レ果。冬十月百済僧観勒来朝。献二易暦天文等書一。

十一年春二月癸酉朔丙子。来目皇子於二筑紫一薨。帝詔以二来目皇子兄当麻皇子一易《カヘ》而《テ》令レ討二新羅一。亦不レ果。冬十二月戊辰朔壬申太子始作二十二冠一。定二冠色一決二位階一。

十二年春正月戊戌朔。帝詔賜二冠位於群臣一各有レ差。夏四月丙寅朔戊辰太子自作二憲法十七条一。

十三年夏四月辛酉朔。帝詔鋳二釈迦仏像一。自二高麗一献二黄金一。

十四年夏四月乙酉朔壬辰。以二所レ鋳之像一詔置二元興寺一。

十五年春二月庚辰朔戊子。帝詔二太子及群臣一令レ祭二神祇一。秋七月戊申朔庚辰

○遣以下五十六字—善隣国宝記所引経籍後伝記に類似文あり。
○妹子—国宝記作因高。
○隋—国宝記作隋国。
○購—国宝記作買。
○日以下十字—隋書にあり。
○處—隋書・国宝記この下に天子の二字あり。
○妹子—国宝記作因高。
○令—国宝記作来。
○再—紀この上に辛巳の二字あり。
○而以下四字—紀になし。
•斑—諸本作班。文意によりて改む。
○之—紀作伎楽儛。

遣二小野臣妹子於隋一。購二求書籍一。兼聘二隋天子一。其書曰。日出處天子致二書日没處一。煬帝視レ之不レ悦。怪二意気遠一。遣二裴世清等十三人一送二妹子一。令レ観二国風一矣。

十六年夏四月。小野臣妹子自レ隋帰。秋九月辛未朔。再以二妹子一副二裴世清等一遣レ隋矣。

十七年夏四月丁酉朔庚子。百済之船逢二難風一着二岸肥後国一。秋九月小野臣妹子自レ隋帰矣。

十八年春三月。高麗貢二曇徴・法定二僧一。徴能作二彩色及紙墨碾磑《ミヅウス》一矣。秋新羅・任那各朝貢。

十九年夏五月。於二兎田野一薬猟。而取二艾葉一。此時群臣衣服色随二冠色一。秋八月新羅・任那并朝貢。

二十年夏五月。自二百済一来二一異人一。面身甚白而斑《マダラ》也。能為二築レ山掘レ池之事一。帝勅於二庭中一令レ作二須弥山并呉橋一。亦使三百済楽師《ヲシテ》教二之童部《ニ》一。於二桜井邑一奏レ之。

二十一年冬十二月庚午朔。太子遊二行和州片岡辺一。時有二飢人一。太子即賜二飲食并衣服一。

二十二年夏六月丁卯朔己卯。遣二使於大唐一。

二十三年。帰二大唐之使一。冬十一月僧恵慈帰二于高麗一矣。

二十四年春正月。桃李生二果実一。

○瓜―副本・御巫本作爪。
○斗―紀作缶。
○卯―紀作酉。
○或以下七字―紀になし。
○数丈―紀作一丈余。
•斑―諸本作班。文意により改む。
○大饑―紀作五穀不登。
○雪雹―紀作霜。
○卒―紀作薨。
○大以下七字―紀になし。
○鐘―紀作雷。
○年―紀七十五歳とし、扶略七十三歳と記す。
○降―紀作零（フル）。
○遺―副本・御巫本作遣。

二十五年夏六月。生《ナレリ》二雲州大瓜一。如レ斗。

二十六年秋八月癸卯朔。高麗朝貢而曰。自レ隋攻二高麗一。却破矣。即献二俘虜二人及軍器一。

二十七年夏四月。江州蒲生《ノ》河《ニ》有レ物。或浮或沈。有二哭声一。秋七月摂州堀江有二一物一。如レ人。

二十八年冬十二月庚寅朔。赤気亘《リ》二於天一。長《サ》数丈。今歳太子與二馬子一撰二国史一。

二十九年春二月己丑朔癸巳。太子薨二于斑鳩宮一。国中有二憂色一。葬二于磯長陵一。

三十一年。新羅伐二任那一服《ス》。帝遣レ兵伐《ツ》二新羅一。即伏。今歳霖雨。自レ春至レ秋国内水溢《シテ》。大饑《ユ》。

三十二年夏四月。始置二僧官一。正《ス》二天下之僧尼一。

三十四年春正月。桃李盡《ク》華《サク》。三月天寒降二雪雹一。夏五月馬子卒矣。六月大雪。今歳霖雨自二三月一至二七月一。大洪水《アリテ》。五穀不レ登。大《ニ》飢《ユ》。死者満二大芥一。国中起二盗賊一。

三十五年春二月。奥州有レ狢化レ人。夏五月蠅《ハエ》集如レ蟻積数十丈。鳴声如レ鐘。至二上州一散二四方一。

三十六年三月丁未朔戊申。日食。癸丑帝崩。時年七十五歳。附二後事於広額皇子一。夏四月雹降。大《サ》如二桃子一。秋九月依二遺詔一葬二帝於竹田王陵一。

舒明天皇

舒明天皇者敏達帝孫。押坂大兄皇子之子。母糠手姫皇女也。初太子厩戸薨。未レ立二太子一而推古帝薨。臨二於終一。雖レ有二帝之遺詔一。以レ未レ立二太子一。蘇我蝦夷與二群卿一相議。或謂レ立二広額皇子一。或謂レ立二厩戸子大兄王一。未レ決。然以レ有二先帝遺詔一。立二広額皇子一為レ帝矣。

元年春正月癸卯朔丙午。広額皇子即位。

二年春正月丁卯朔戊寅。立二宝皇女一為二皇后一。春三月高麗・百済各朝貢。冬十月壬辰朔癸卯遷二都於飛鳥岡一。是謂二岡本宮一。

三年秋九月丁巳朔乙亥。摂州有馬涌二出温湯一。冬十二月丙戌朔戊戌帝幸二于有馬温湯一。

四年秋八月。所レ遣二去々年一犬上御田耜自二大唐一帰。

五年秋八月。彗星出二現南一。長数丈。

七年彗星出二現東一。六月乙丑朔甲戌百済朝貢。此月生二蓮一茎二華一矣。

八年春正月朔。日食。夏五月霖雨。数日大洪水。民屋漂流。夏六月岡本宮有レ火。宮室悉焼亡。帝遷二于田中宮一。秋七月朝参。以レ鐘為レ節。此年大旱。天下饑。

九年春二月丙辰朔戊寅。流星従レ東流レ西。響如レ雷。春三月乙戌朔丙戌日食。今年蝦夷叛。遣レ兵伐レ之。大破帰。

十年秋七月丁未朔乙丑。大風。抜レ木倒レ家。九月霖雨。果二実桃李一。冬十月帝

○薨―紀作崩。
○涌出―紀作幸。
○幸于―紀作至自。
○御―紀作三。
○五―紀作六。
○彗―紀作長。
○長数丈―紀になし。
○蓮―副本・御巫本になし。
○数以下九字―紀になし。
・六―諸本作四。前後関係及び紀によりて改む。
○宮以下五字―紀になし。
○戊―紀作酉。副本傍書作丑。（書紀寛文九年版本作丑。）
○果実―紀作華。

幸二于有馬温湯一。此年百済・新羅・任那遣レ使各朝貢。

十一年春正月乙巳朔壬子。天駕自二有馬一帰。丙辰天無《シテ》レ雲雨降疾雷。丙寅大風。抜レ木倒二民屋一。人馬多死。己巳彗星現二西北一。秋七月帝詔二東西民一造二宮室及寺一。西民造二宮室一。東民造レ寺。十二月己巳朔壬午幸二于予州温湯一。此月百済河辺建二九重塔一。

十二年春二月癸辰朔甲戌。星入二有月内一。夏四月丁卯朔壬午。天駕自二予州一還入二厩坂宮一。夏五月丁酉朔辛丑帝詔二僧恵隠一於二宮殿一令二読経一。是月帝還二于百済宮一。

十三年冬十月己丑朔丁酉。帝崩二于百済宮一。

皇極天皇

皇極天皇者敏達帝《ノ》曽孫。押坂大兄皇子《ノ》孫。茅渟王《ノ》女也。母吉備姫。舒明帝二年立為二皇后一。

元年春正月丁巳朔辛未。皇后即位。春三月丙辰朔戊午。天無レ雲雨《フル》。夏四月霖雨。数日不レ晴。夏六月大旱。秋七月甲寅朔壬戌客星入二有月内一。自二六月一至二此月一大旱。井渇無レ水。田乾燥稲悉焦。群臣相議祭レ神祷レ仏。無レ験。帝憂幸二南淵河一。拜二天地四方一祈レ雨。遂雨五日。天下大潤。九月詔二諸州一造《フ》レ舟。亦欲レ建二百済寺一。辛未詔二東《ハ》遠州・西《ハ》芸州之民一役造二宮室一。癸酉北越蝦夷来朝。冬十月癸未朔暑甚《シ》。如レ夏。天無レ雲雨。十一月癸丑朔大雨雷鳴。庚申天暖如レ春。


。雨降―紀になし。

。抜以下九字―紀になし。代りに而雨とあり。

。彗―紀作長。

。東西民―紀になし。


。癸―紀作戊。副本傍書作戊。

。読経―紀作説无量寿経。

・孫―諸本なし。紀によりて補う。誤写過程を推測していえば、もとここにつくりが虫損し「子」とあり、書写の筆者が子の重出の衍字と解して脱したものか。

。数以下四字―紀になし。

。自以下十八字―紀になし。

。神―紀作諸社神。

。仏―紀作河伯。


。来朝―紀作内附。

。暑以下四字―紀になし、代りに「(冬十月癸未朔) 庚寅地震而雨」とあり。

。癸丑朔―紀作壬子朔癸丑。

○凡以下八字―紀になし。但し十月紀に「是月行㆓夏令㆒」とあり。
○任那―遣使に関して、書紀の記載によるならば、正月に百済、二月に高麗、三月に新羅より、先帝の弔使が遣わされている。しかし任那からの遣使の記事は見られない。
○如以下七字―紀になく、「傷㆓草木華葉㆒」とあり。
○葺―紀作蓋。
○大寸餘―紀になし。
○浮池上―紀になし。
・斑―諸本作班。文意により改む。
○同―副本・御巫本になし。
○華以下五字―紀になし。代りに「其本異而末連」とあり。
○富士―紀作不盡。
○帝以下四字―紀になし。紀では葛野秦造河勝が民の惑わさるるを悪みて、これを殺したとある。
○夏以下七字―紀になし、
○甲辰―紀作戊申。
○高麗―紀作三韓。

凡今年冬行㆓春夏ノ令㆒。雷鳴数度也。今年高麗・新羅・任那・百済遣㆑使朝貢ス。
二年春正月壬子朔。五色ノ雲天覆。亦青霧起㆓四方㆒。二月辛巳朔庚子桃ノ華《ハナサケリ》。
乙巳大雹降。如㆑斗シ。猫犬多打死。夏四月天寒如㆑冬。雪雹降㆓数度㆒。甲辰江州
大雹降。径一寸。丁未遷㆓都於大和飛鳥㆒。是謂㆓板葺宮㆒。秋七月茨田池水臰《クサル》。小
虫浮覆㆑水。其虫口黒身白。大サ寸餘。秋八月戊申朔壬戌茨田池水氷レリ。厚三四
寸。魚悉臰死。浮㆓池上㆒。九月丁丑朔壬午葬㆓先帝於押坂陵㆒。丁亥帝ノ母吉備姫
薨。冬十一月蘇我入鹿竊ニ謀欲㆑滅㆓厩戸皇子之子大兄王等㆒集㆑兵。此時蝦夷入
鹿父子恣㆓国政㆒権政強。群臣皆帰㆓入鹿㆒。率㆑兵囲㆓斑鳩宮㆒。於㆑是大兄王一族
悉自殺矣。
三年春正月乙亥朔。以㆓中臣鎌子㆒為㆓神祇伯㆒。固辞不㆑就。鎌子素《モトヨリ》善㆓軽皇子㆒。
即到㆓皇子宮㆒。皇子甚尊㆑之。鎌子亦竊計㆓中大兄皇子㆒欲㆑誅㆓蘇我入鹿㆒。然入鹿
威権強輙《タヤスク》不㆑成。故中大兄与㆓鎌子㆒同学㆓南淵先生㆒日夜謀㆑之。亦鎌子計以㆓
倉山田麿女㆒婚㆓中大兄王㆒。夏六月癸卯朔大伴連献㆓百合華㆒。其茎長八尺。華大サ
五尺計。秋七月駿州富士河辺有㆓一人巫覡《カムナギ》㆒。以㆑虫令㆑祭㆑之。誘《イツハッテ》謂㆓福神㆒。故
百姓聚祭㆑之。帝詔殺㆑之。冬十一月蘇我入鹿建㆓家甘檮岡㆒。
四年春正月。京師或河辺山中或寺中聞㆓猿鳴声㆒。無㆑見㆓其形㆒。夏高麗遣㆑使上
表。夏六月丁酉朔甲辰帝御㆓大極殿㆒。詔㆓倉山田臣㆒令㆑読㆓高麗上表㆒。時中大兄
皇子鎌子等計欲㆑誅㆓入鹿㆒。然入鹿朝参恒帯㆑剣。故先令㆔人解㆓其剣㆒。令㆔佐伯連

子麿等誅《ヲシテ》二入鹿一。子麿等恐而不レ能レ誅。於レ是中大兄鎌子等自取レ剣遂誅二入鹿於殿中一。即発レ兵囲二入鹿父蝦夷之宅一。悉誅レ之矣。帝聞二蝦夷父子之誅一大悦。遂以二帝位一譲二軽皇子一矣。

天書巻第十終　大尾

（跋二天書後一

夫天書十巻者。相二伝藤原浜成所撰一也。其書漫滅而無レ伝二高家一。適雖レ伝レ之。深秘《クシテ》憚二外見一。遂没為二虫巣一弔レ自。蚤歳好二古書一。於二我国史一略窺レ之。如二天書一者聞二其名一久。而未レ見二其書一。深慕レ之。然近比遊二相州一於二大伴氏家一得レ之。欣然書二写之一残二子孫一。深蔵《シテ》不レ可レ示。雖レ謂二和氏之璞《アラタマ》・雷氏之劒一。何出二其右一耶。謹可レ秘而已。

樋口氏　謹書）

•跋—底本抜に作るを文意によりて改む。

著作一覧

※著者が平成二十一年末までに公表した文章のうち、単行本の体裁で刊行されたもののみを対象とし、雑誌等に掲載された分は、紙幅の都合で割愛した。

単著

・『職原鈔の基礎的研究』(神道史研究叢書十二)、昭和五十五年二月十一日、神道史学会
・『北畠親房の研究』、平成三年六月十日、ぺりかん社
・『北畠親房の研究』(増補版)、平成十年九月三十日、ぺりかん社
・『日本人のこころ―神道―』、平成二十年二月二十八日、エス・ピー・シー(セキ株式会社)
・『神道　日本人のこころのいとなみ』、平成二十一年四月十五日、国書刊行会

共著

・皇學館大学神道研究所編『大嘗祭の研究』「大嘗祭関係文献目録・悠紀主基国一覧表・大嘗祭年表」、昭和五十三年四月一日、皇學館大学出版部

・村尾次郎監修『正説日本史』「後成敗式目と武家社会の論理」、昭和五十五年七月二十五日、原書房
・日本古代文化研究会編『廃絶式内社調査報告（一）』「河内国志紀郡　長野神社」、昭和五十六年三月三十一日、日本古代文化研究会
・神道文化会創立三十五周年記念出版委員会編『天照大御神（研究編二）』「北畠親房の天照大神観」、昭和五十七年十一月一日、神道文化会
・神宮古典籍影印叢刊編集委員会編『神宮古典籍影印叢刊八　神道五部書』（皇學館創立百周年記念神宮古典籍影印叢刊）「天照坐伊勢二所皇太神宮御鎮座次第記」「伊勢二所皇太神御鎮座傳記」、昭和五十九年二月二十九日、皇学館大学、（製作発売）八木書店
・式内社研究会編『式内社調査報告　第十三巻　東山道二　美濃国・飛彈国・信濃国・上野国・下野国』、昭和六十一年二月二十五日、皇學館大学出版部
・日本アート・センター編『海外視点・日本の歴史六　鎌倉幕府と蒙古襲来』「神国思想の発生」、昭和六十一年三月二十日、ぎょうせい
・温故学会編『塙保己一論纂　下巻』「『職原鈔』の書名」、昭和六十一年十月三十一日、錦正社
・宗教社会学研究会編集委員会編『教祖とその周辺』（宗教社会学研究会論集Ⅳ）「中世の宗教運動とその創始者」、昭和六十二年十月二十日、雄山閣出版
・式内社研究会編『式内社調査報告　第九巻　東海道四　参河国・遠江国・駿河国』、昭和六十三年一月三十日、皇學館大学出版部
・遷宮教学研修会編『神宮式年遷宮の研究　第一輯』「中世の遷宮」、昭和六十三年九月一日、神道青

年全国協議会
・皇學館大学編『伊勢志摩を歩く』、平成元年三月三十一日、皇學館大学出版部
・生田神社編『即位の礼と大嘗祭』（生田神社社報「むすび」特集号）「大嘗祭と国民」、平成二年四月三十日
・別冊歴史読本『古式に見る　皇位継承「儀式」宝典』（絵解きシリーズ一）「主要図書紹介」、平成二年六月十六日、新人物往来社
・藤原暹編『続・日本生活思想研究』「山田奉行の触穢思想」、平成二年十二月十日、生活思想研究会（岩手大学）
・谷省吾先生退職記念神道学論文集編集委員会編『谷省吾先生退職記念　神道学論文集』「北畠親房における神道の学問」、平成七年七月二十日、国書刊行会
・沼義昭博士古稀記念論文集編集委員会編『沼義昭博士古稀記念論文集　宗教と社会生活の諸相』「地域社会と神社―愛知県一宮市の事例―」、平成十年三月二十一日、隆文館
・日本仏教研究会編『仏教と出会った日本』（『日本の仏教』第Ⅱ期・第一巻）「中世神道と仏教」、平成十年八月五日、法蔵館
・今谷明編『王権と神祇』「神国論形成に関する一考察」、平成十四年六月十五日、思文閣出版　※本書に再録

・田中卓編著『平泉澄博士全著作紹介』「『明治の源流』」、平成十六年二月十八日、勉誠出版
・(編集者）神道大系編纂会・(編者）神道古典研究所『神道大系月報合本（中）』「神社総記に関する二つの文献」、平成十八年十一月五日、神道大系編纂会
・(編集者）神道大系編纂会・(編者）神道古典研究所『神道大系月報合本（下）』「類聚神祇本源と北畠親房」、平成十八年十一月五日、神道大系編纂会

共　編

・子安宣邦監修・白山芳太郎他編『日本思想史辞典』、平成十三年六月一日、ぺりかん社
・三橋健・白山芳太郎編『日本神さま事典』、平成十七年九月八日、大法輪閣

校　注

・平田俊春・白山芳太郎校注『神道大系　論説編十八　北畠親房（上）』、平成三年三月二十九日、神道大系編纂会
・平田俊春・白山芳太郎校注『神道大系　論説編十九　北畠親房（下）』、平成四年十二月二十五日、神道大系編纂会

神社史

・白山神社史編纂委員会編『白山神社史』「吉野・室町時代の白山神社」、平成四年五月十五日、白山神社史編纂委員会
・真清田神社史編纂委員会編『真清田神社史』「中世の真清田神社」「現代の真清田神社」、平成六年五月三十日、真清田神社史編纂委員会
・真清田神社史編纂委員会編『真清田神社史―資料編―』「真清田神社古縁起」、平成七年十月三十日、真清田神社史編纂委員会

講演録

・『中世と神社―北畠親房と神社との関係を中心に―』（皇學館大学講演叢書第九十六輯）、平成十年十二月十日、皇學館大学出版部
・皇學館大学神道博物館編『日本の神々』（皇學館大学神道博物館教養講座講演録）「学問の神」、平成十二年十二月一日
・『賀茂社と貴船社』（皇學館大学講演叢書第一一一輯）、平成十五年七月七日、皇學館大学出版部
・『中世の神宮式年遷宮』（皇學館大学講演叢書第一二一輯）、平成二十一年七月一日、皇學館大学出

版部

事典類（項目執筆）

・『日本大百科全書（ニッポニカ）』、小学館
・『国史大辞典』、吉川弘文館
・『神道人名事典』、昭和六十一年七月八日、神社新報社
・『新版　日本思想史文献解題』、平成四年六月五日、角川書店
・『日本〈神社〉総覧』、（愛蔵保存版）平成四年十月三十日、新人物往来社
・『平安時代史事典』、平成六年四月十日、角川書店
・『神道事典』、平成六年七月十五日、（縮刷版）平成十一年五月十五日、弘文堂
・『岩波哲学・思想事典』、平成十年三月十八日、岩波書店
・『日本史文献事典』、平成十五年十二月十五日、弘文堂
・『神道史大辞典』、平成十六年七月一日、吉川弘文館
・『宗教学文献事典』、平成十九年十二月十五日、弘文堂
・『日本思想史辞典』、平成二十一年四月二十一日、山川出版社
・『祭・芸能・行事大辞典』、平成二十一年十一月六日、朝倉書店
・『社寺縁起伝説辞典』、平成二十一年十二月二十日、戎光祥出版

初出一覧

第一章　神道説の発生と展開

第一節　神道説の発生
「神道学説の発生」〔『悠久』第二次第五十七号、平成六年（一九九四）四月三十日、鶴岡八幡宮悠久事務局〕

第二節　伊勢神道の性格
「伊勢神道の性格について」〔『皇學館大学文学部紀要』第四十三輯、平成十七年（二〇〇五）三月三十一日、皇學館大学文学部〕

第三節　神祇信仰としての伊勢神道
「伊勢神道の性格に関する補足的考察」〔『皇學館大学文学部紀要』第四十四輯、平成十八年（二〇〇六）三月三十一日、皇學館大学文学部〕

第二章　北畠親房と伊勢神道

第一節　北畠親房における伊勢神道と真言宗

「後醍醐天皇・北畠親房と伊勢神宮」〔『季刊日本思想史』第六十四号、平成十五年（二〇〇三）九月十日、ぺりかん社〕

第二節　北畠親房における神道説の特色

「北畠親房の現世観に関する一考察」〔『皇學館大学社会福祉学部紀要』第四号、平成十四年（二〇〇二）三月三十日、皇學館大学社会福祉学部〕

第三章　神国論の形成と展開

第一節　神国論の形成

「神国論形成に関する一考察」〔今谷明氏編『王権と神祇』、平成十四年（二〇〇二）六月十五日、思文閣出版〕

第二節　神国論の展開

「神国論展開への若干の考察」〔『皇學館大学神道研究所紀要』第二十三輯、平成十九年（二〇〇七）三月十日、皇學館大学神道研究所〕

附　録

一　天書の性格
「天書の性格について」〔『明治聖徳記念学会紀要』復刊第三号、平成二年（一九九〇）十月二十日、明治聖徳記念学会〕

二　天書の本文と解題
「天書の本文と解題」〔『皇學館大学紀要』第二十八輯、平成二年（一九九〇）一月一日、皇學館大学〕

あとがき

宗教学では、日本の信仰は「重層信仰」（シンクレティズム）であるといわれている。神道の信仰の上に、儒教、仏教、道教、陰陽道などの信仰が地層のように重なり合っているというのである。中世神道の場合も、神道だけが独立して存在するのではなく、山門派天台宗、寺門派天台宗、真言宗などの重層的な重なりのなかで存在している。真言宗との接触が濃密な場合を両部神道、天台宗との接触が濃密な場合を山王神道、比較的それらとの接触が少なく伊勢で展開した場合を伊勢神道と、ひとまず呼んでいるが、それら相互の接触の関係や濃密度などについては充分な研究がなされてはいない。本書は、そういった不明確な部分を残しつつではあるが、中世における神道説発生の状況の復原につとめた。

その他、伊勢神道との関係が深い北畠親房に関する考察も、本書に収めた。

「まえがき」にも記したとおり、拙稿は紀要論文や小規模学会誌論文が多いため、そのようなものを一書にまとめたいと以前から考えていた。そのような矢先、本書末尾に掲載の拙稿一覧作成者の山口剛史氏が皇学館大学教授荊木美行氏を通じ、国書刊行会に相談を持ちかけてくれた。国書刊行会の奥山芳広氏は、前著『神道』の担当者であるが、今回もやはりお世話になることになった。本書出版にかかわってくださった方々に、お礼申し上げ「あとがき」としたい。

【筆者紹介】

白山芳太郎（しらやま・よしたろう）

　昭和二十五年、兵庫県生まれ。昭和五十二年、皇學館大学大学院文学研究科博士課程単位取得。昭和五十二年、皇學館大学助手。昭和五十五年、皇學館大学講師。昭和六十年、皇學館大学助教授。平成七年、皇學館大学教授（現在にいたる）。平成十三年、博士（文学）。平成二十一年、皇學館大学神道研究所長。そのほかに神社本庁参与・神社本庁教学委員・神道史学会委員・日本宗教学会理事・日本思想史学会評議員などを兼ねる。主な著書に『神道』（国書刊行会）・『職原鈔の基礎的研究』（臨川書店）・『北畠親房の研究』（ぺりかん社）・『日本人のこころ』（セキ株式会社）・『日本神さま事典』（大法輪閣）・『王権と神祇』（思文閣出版）・『仏教と出会った日本』（法藏館）などがある。

神道説の発生と伊勢神道　ISBN978-4-336-05177-6

平成22年2月10日　印　刷
平成22年2月28日　発　行

著作権者との申合せにより検印省略

著　者　白山芳太郎
発行者　佐藤今朝夫

〒174-0056
東京都板橋区志村1-13-15
発行所　株式会社　国書刊行会

印刷・製本　モリモト印刷㈱・㈾村上製本所